ALGARVE

ALGARVE

Rolf Osang
João Pedro Costa

BRUCKMANN

Villa Nova de Milfontes
São Luiz
Colos
Sta. Luzia
Casével
Entradas
Algodor
S. Marcos
Paymogo
Rio Mira
Barragem do Monte da Rocha
Castro Verde
S. Marcos da Ataboeira
Alcaria Ruiva
Barragem de Tapada Grande
Mina de S. Domingos
Ourique
Sta. Barbara de Padrões
Mértola
Moreanes
Fonte Boa
Fataca
Odemira
Sant Ana de Campas
Rio Guadiana
Emb. de Chanza
Aldeia dos Fernandes
Sebastião dos Carros
Senhora da Graca de Padrões
Espirito Santo
Zambujeira do Mar
Barragem de Santa Clara
Santa Clara a-Velha
Gomes Aires
Almodôvar
El Granado
São Teotónio
Parque Natural
Santana da Serra
S. Pedro de Solis
Alcoutim
Praia de Odeceixe
Odeceixe
Dogueno
Martim Longo
Ribeira de Ceixe
Praia da Samoqueira
Ribeira de Foupana
A Corvo dos Mouros
São Barnabe
Praia da Amoreira
Amoreira
Barranco dos Pisoes
Garganta
Foz de Odeleite
Alferce
Monchique
Cachopo
Odeleite
Fóia 902
772 Picota
Ribeira de Monchique
Ribeira de Odelouca
Barragem de Odeleite
Praia da Arrifana
Aljezur
Caldas de Monchique
589 Pelados
Azinhal
Ponta da Arrifana
Barragem do Funcho
Praia da Arrifana
114 Arrifana
Serra de Monchique
Fonte da Rata
541
Barragem de Beliche
Ribeira de Beliche
Beliche
A l g a r v e
Barragem do Arade
Fontes de Altes
Rocha da Pena
479
Serra de Alcaria do Cume
Praia de Vale Figueiras
São Bartolomeu de Messines
Alte
Salir
Barranco Velho
525
Alcaria do Cume
Castelo mouro
Castro Marim
Ayamonte
Serra de Espinhaço de Cão
Baragem da Bravura
Odelouca
Fonte Benémola
Reserva Natural Sapal de Castro Marim
Praia da Bordeira
Alentejano
Negropole Alcalar
Castelo dos Mouros
Vila Real de Santo António
Strände um Carrapateira
Carrapateira
Silves
Mexilhoeiro Grande
Paderne
Santo Catarina da Fonte do Bispo
Monte Gordo
Praia do Amado
Murração
Penina
Assumada da Cruz
Odiáxere
Algoz
São Brás de Alportel
Cacela Velha
Quinta de Cima
Praia de Vila Real
Praia do Castelejo
Bensa-frim
Albicada
Portimão
Estômbar
Senhora da Piedade
Boliqueime
Loulé
Conceição
Praia de Monte Gordo
Praia de Alvor
Alvor
Lagoa
Porches
Alcantarilha
Santo Estêvão
Forte de São João Barra
Costa Vicentina
Ferragudo
Forte de São João
Guia
Ferreiras
Ruinas de Milreu
Palácio de Estói
Tavira
Reserva Natural
Praia de Ponta Ruiva
Torre de Aspa
156
Almádena
Lagos
Armação de Pêra
Santa Bárbara de Nexe
Baleeira
Meia Praia
Praia dos Três Irmãos
F. d. Santa Catarina
Monte Carvoeiro
Carvoeiro
Albufeira
Montechoro
410 São Miguel
Pedras d'el Rei
da Ria Formosa
Luz
Vila do Bispo
Figueira
Burgau
Ponta da Piedade
Praia do Camilo
Ponta da Bandeira
Rocha Brava
Nossa Senhora da Rocha
Praia de Falésia
Vilamoura
Almancil
Serra de Monte Figo
Estói
Luz de Tavira
Pedras d'el Rei
Ponta Ruiva
Torre de Aspa
Boca do Rio
Praia da Rocha
Praia de Carvoeiro
Praia da Marina
Quarteira
Conceição
Moncarapacho
Ilha de Tavira
Forte de Beliche
Praia de Beliche
Zavial
Praia de Figueira
Praia do Vau
Praia do Monte Carvoeiro
Praia da Senhora da Rocha
Vale do Lobo
Pechão
Fuzeta
Praia da Zavial
Praia do Vale do Lobo
Quinta do Lago
Olhão
Praia da Ingrina
Faro
Ilha de Armona
Praia da Armona
Cabo de São Vincente
Ponta da Baleeira
Sagres
Praia do Quinta do Lago
Aeroporto de Faro
Fortaleza de Sagres
Praia de Faro
Praia da Culatra
Pousada do Infante
Ponta de Sagres
Reserva Natural da Ria Formosa
Ilha da Culatra
Ilha da Farol
Cabo de Santa Maria
Praia do Farol
W E S T K Ü S T E
S P A N I E N
B A R L A V E N T O
S O T A V E N T O
A T L A N T I S C H E R   O Z E A N
N
0
20 km
PORTUGAL
SPANIEN
Algarve
IC4
120
267
268
IP1
A2
124
122
396
397
125
269
270
2

Nach jeder Flut bietet die Küste der Algarve ein anderes, wunderschönes Bild – hier eine Sandformation bei Sagres im Abendlicht.

ALGARVE

Küstenland am Rande Europas

Hinter der Meerenge von Gibraltar, schon am Atlantik liegt die Algarve, Portugals südlichste Provinz. Sie lockt mit einem wunderbar milden Klima und herrlich mediterranen Landschaften. Geschichte und Wirtschaftsleben dieser Region waren stets geprägt von ihrer besonderen geographischen Lage: Die Algarve bildet eine Brücke zwischen dem Mittelmeer und dem restlichen Europa. Begeben wir uns also auf die Reise durch dieses faszinierende »Land am Rande des Okzidents«!

Das Meer rund um Sagres gilt als das fischreichste in ganz Europa. Selbst die Fischer, die mit solch kleinen Booten nur in Küstennähe mit Netz und Fangkörben arbeiten, gehen nie leer aus.

Reich an Bodenschätzen ist das Hinterland der Algarve. Edelmetalle wie Gold, Silber und Kupfer wurden von frühester Zeit an gleich neben den Erdlöchern und Minen geschmolzen und abtransportiert, außerdem schälten die Menschen hier Kork von den Eichen. An der Küste gewann man Salz, pökelte damit Fische ein und verschiffte Holzkohle. Trotzdem blieb die Region arm an Einwohnern. Nur einige Orte an der Küste wurden bereits in der Vorzeit besiedelt. Später trafen dann Handel treibende Griechen, Phönizier und Karthager ein – sie nutzten Orte wie Tavira, Faro, Albufeira oder Lagos als Anlege- und Verladestellen. Mit der Ankunft der Römer änderte sich das: Systematisch legten sie ein Straßennetz an, pflanzten Weinreben und bauten die Häfen aus. Nach dem Zerfall des Römischen Reiches folgten die Westgoten, die aber alles »beim Alten« beließen.

Iberien und der Islam

Einen Meilenstein markiert das Jahr 711, als muslimische Mauren die Meerenge von Gibraltar überquerten, um Europa zum Islam zu bekehren. Im Handstreich nahmen sie die Iberische Halbinsel ein. Neben Burgen, Palästen und Moscheen entstanden in den Städten bald Akademien für die Lehre des Korans. Auch Astrologie, Mathematik, Medizin wurden dort gelehrt. Die Region

Rechte Seite: Oft rau und wild ist die See an der Westküste. Sie formt faszinierende Steilklippen, wie hier in Ouricais zwischen Vila do Bispo und Sagres.

Fast neun Monate lang ist praktisch jeder Quadratmeter an der Küste ein wunderschönes Pflanzenparadies – und die Blumen wachsen oft dicht an den Strand.

Rechts oben: Auch Orchideen mögen die salz- und jodhaltige Luft der Algarve.

im äußersten Westen des Kalifats Cordoba nannten die neuen Herrscher »Al Gharb« – der Westen –, woraus sich der Name Algarve ableitet.

Bald kam es zu Kriegen zwischen rivalisierenden maurischen Familien. Diese nutzten ab dem 11. Jahrhundert jene Christen aus, die sich der Rückeroberung der muslimischen Gebiete *(Reconquista)* verschrieben hatten. Denn nicht nur die Rückeroberung Jerusalems wurde nun vom Papst als heiliger Kreuzzug gewürdigt, sondern auch der Krieg gegen den Islam auf europäischem Boden. Von León aus gelang es den Kreuzrittern, den Muslimen weite Landstriche zu entreißen. An der Mündung des Douro-Flusses scharte nun der noble Afonso Henriques hunderte von Rittern um sich – und mit jeder eroberten Feindesburg stießen noch mehr Ritter zu ihm.

Binnen weniger Jahre drangen die Kreuzeskämpfer vom heutigen Porto aus bis Lissabon vor, das sie 1147 einnahmen. 1179 erlangte dann der kühne Anführer Afonso vom Papst die Anerkennung als unabhängiger König – damit war das Land Portugal aus der Taufe gehoben. Bis heute ist es in Europa eines der ältesten Länder in nahezu unveränderten Grenzen. Um 1180 zogen die Ritter dann in der Algarve ein. Aber die Mauren eroberten bald einige Burgen zurück, unter anderem Silves. Erst ab etwa 1250, also ein ganzes Jahrhundert nach dem Norden, war die Algarve endgültig von den islamischen Herrrschern befreit – und der Regent in Lissabon nannte sich fortan »König von Portugal und Algarve«.

Ein Brückenkopf nach Afrika

Den Kastiliern missfiel es sehr, dass sich Portugal, ihr Nachbar am Atlantik unabhängig hielt. Daran konnte aber auch eine lange Reihe von Feldzügen nichts ändern. Es kam sogar noch ärger: Der portugiesische König João I. ließ 1415 eine Armada aus über 200 Schif-

Riesendisteln, wild wachsende Fächerpalmen und viele andere Pflanzen, darunter auch sehr seltene Spezies, gilt es zu entdecken. Allein zwischen Odeceixe und Sagres kommen über 750 Pflanzenarten vor.

fen aufstellen. Damit überfiel er die Mauren auf ihrem eigenem Terrain in der nordafrikanischen Hafenstadt Ceuta gegenüber von Gibraltar. Dabei zeichnete sich des Königs Sohn, Henrique – »Heinrich der Seefahrer« –, als mutiger Kämpfer aus. Gerade zwanzig Jahre alt, wurde der Prinz noch am Tag der Schlacht zum Ritter geschlagen. Jetzt hatte Portugal einen Brückenkopf auf dem schwarzen Kontinent und einen energischen Mann, der die Geschicke des Landes ändern sollte. Historiker meinen, in ihm verbanden sich auf geradezu vollendete Weise die Ideale des mystisch orientierten Mittelalters mit denen der aufklärerischen Renaissance. Heinrich wurde zum Gouverneur des mächtigen Christusordens ernannt, bald darauf zum Gouverneur der Provinz Algarve. In Lagos ließ er die Verwaltung, sozusagen das »Management« ausbauen, während er selbst bei Sagres lebte.

Auf zu neuen Ufern!

Von seinem Vater hatte Henrique gelernt, dass die Zukunft Portugals auf dem Wasser liege – vielmehr an neuen Ufern, die noch niemand kannte und die es zu entdecken galt. Henrique hielt sich daran. Um möglichst

Im Hochsommer wird das Wasser bisweilen knapp, aber im Hinterland, wie hier bei Tavira, findet man sogar im August noch fließende Bäche und Wasserfälle.

Bei Milreu nördlich von Faro haben die Römer zahlreiche Zeugnisse ihrer Baukunst hinterlassen.

viel Wissen zu gewinnen, scharte er zahlreiche, vornehmlich jüdische Gelehrte um sich. Ohnehin lebten am Hof viele von ihnen, galt Portugal doch als sicherster Ort Europas für die anderswo Geächteten. Diese Gelehrten trugen altes Wissen aus Sternenkunde und Mathematik zusammen und fertigten Land- und Seekarten an. Alles drehte sich darum, die Navigation zu entschlüsseln, die Portugal unschätzbare Vorteile bringen würde. Würde man sie beherrschen, würden sich Henriques Schiffe auf hoher See frei bewegen können, während sich die Kapitäne anderer Seefahrernationen immer noch entlang der markanten Küstenlinien vortasten mussten. In Lagos arbeiteten die Forscher fieberhaft an neuen Navigationsmethoden und machten bald sichtbare Fortschritte.

Es vergingen keine drei Jahre und schon war die Inselgruppe von Madeira entdeckt. 1432 sichteten Henriques Kapitäne den Archipel der Azoren. Zwei Jahre später umsegelte der »große Sohn von Lagos«, Kapitän Gil Eanes, als erster Seefahrer das Kap Bojador an der Sahara-Küste. Damit hatte er die größte Barriere gefällt – den bis dahin herrschenden Aberglauben und die Angst, das Meer des Südens sei von Dämonen und Drachen bevölkert. Auch hatten die Menschen bis dahin geglaubt, dass jeder Reisende, der das Ende der Erdscheibe erreichte, in einem gigantischen Wasserfall in die Hölle stürzen würde.

Das Ziel heisst Indien, wo der Reichtum wartet

Henrique hatte bei allen Anstrengungen stets ein Ziel vor Augen: Den Seeweg nach Indien zu finden und damit den Arabern den lukrativen Handel mit Gewürzen zu entreißen, von dem in Europa bislang nur die Handelsstadt Venedig profitierte. Auf dem Weg nach Asien, so plante Henrique, könnte auch das sagenumwobene Christenreich eines gewissen Priesters Johannes entdeckt werden, der in Äthiopien herrschen sollte. Gemeinsam mit ihm könnten die Christen die Araber in die Zange nehmen. Als die Ottomanen 1453 in Osteuropa vorrückten und den Alten Kontinent bedrohten, gewannen diese Ambitionen des portugiesischen Infanten neue Bedeutung: An allen europäischen Höfen rückte Portugal in den Mittelpunkt des Interesses.

Bei den nun folgenden Seefahrten bewährte sich ein brillant konstruiertes Segelschiff: die Karavelle. Ihre glatte Außenhaut löste die Klinkerbauweise ab, das Ruder im Heck ermöglichte präzises Steuern, das dreieckige »Lateinersegel« ein steileres Segeln gegen den Wind. Bei Rückfahrten aus südlichen Revieren – gegen den Passatwind aus nördlichen Richtungen – ließen sich damit viele Tage, wenn nicht Wochen einsparen. 1456 entdeckten die Portugiesen die Kapverdischen Inseln, 1482 erreichten sie die Mündung des Kongos, 1488 umrundete Bartholomeu Dias das Kap der Guten Hoffnung. Alles schien nach Plan zu laufen …

Kolumbus entdeckt die Westindischen Inseln

Aber die Portugiesen hatten die Rechnung ohne Christopher Kolumbus gemacht. Der Genuese hatte als 17-jähriger Matrose bei Sagres Schiffbruch erlitten und fortan in Lissabon gelebt, wo er sich zum Seemann hocharbeitete. Dabei erwarb er Kenntnisse in Navigation und im Kartenzeichnen. Damit hatte er wertvolles Wissen gewonnen: Wer es besaß und verriet, dem drohte der Tod durch Vierteilung. Kolumbus wurde sogar Kapitän der hochgeheimen »Goldroute«. Diese machte es möglich, Gold von der Elfenbeinküste sicher nach Portugal zu bringen. Möglich war das nur, indem man weit in den Atlantik hinein segelte und so die rund um die Kanarischen Inseln lauernden Kriegsgaleeren der Spanier umging. So weit mussten die Goldschiffe westwärts segeln, dass sie je nach Wind und Wetter fast in die Nähe Brasiliens gerieten. Was er dabei alles erlebte, gab Kolumbus aber niemals preis.

Bald bot Kolumbus König João II. an, den Seeweg nach Indien nicht via Afrika, sondern mit einer Fahrt über den Atlantik aufzutun. Die Sicherheit, die er mit seiner Behauptung an den Tag legte, gibt heute Anlass zu der Vermutung, dass er Kartenmaterial zur Verfügung hatte – vielleicht von einer vorher missglückten Expedition? Vielleicht von einer Irrfahrt eines Kapitäns, dessen Schiff bei einem Unwetter bis zur anderen Seite des Atlantiks getrieben worden war? João II. ließ das Angebot prüfen – und lehnte ab.

Das spanische Königspaar hingegen, Ferdinand und Isabel, griff zu. 1484 stach Kolumbus in ihrem Auftrag in See. Drei Wochen später, mehr oder weniger wie er vorhergesagt hatte, erreichte er Land. Bis an sein Lebensende glaubte er fest daran, auf die Ausläufer von Indien gestoßen zu sein. Vizekönig der Neuen Welt wollte er werden, fünfzehn Prozent Anteil wollte er aus allen entstehenden Geschäften schöpfen – und all das hatten ihm die Spanier zugesichert. Aber sie hielten die Vereinbarungen nicht ein. Denn was Kolumbus als Gegenleistung versprochen hatte, das schaffte er auch bei den folgenden Amerika-Reisen nicht herbei: Pures Gold, das Spanien aus seiner Finanzkrise helfen sollte. Spaniens

Trutziges Bollwerk: Einst diente die Hafenburg São João bei Ferragudo in der Mündung des Rio Arade der Abwehr von Piraten.

Nachbar Portugal holte solches in großen Mengen vom schwarzen Kontinent.

WISSEN WIRD MACHT: DAS JAHR 1500 ÄNDERT DIE WELT

Die Portugiesen blieben bei ihrer von Prinz Henrique vorgegebenen Marschroute: Indien via Afrika zu erreichen. 1498 stach der Kapitän Vasco da Gama mit einer Armada von 21 Schiffen in See, umrundete das Kap der Guten Hoffnung und überquerte den Indischen Ozean. Als er zwei Jahre später heimkehrte, war die Mannschaft auf wenige Männer geschrumpft; auch sein Bruder war unterwegs gestorben. Aber das heimkehrende Schiff war voll beladen mit Gewürzen aus Indien. Der Handel damit machte die Expedition um ein Vielfaches rentabel! Jetzt stand endgültig fest: Die Entdeckungen zur See hatten Portugal zu einem reichen Land gemacht. »Pünktlich« im Jahr 1500 läutete es die Neuzeit ein. Im gleichen Jahr wurde Brasilien entdeckt. Schon 1494 hatten sich Spanien und Portugal im Vertrag von Tordesillas geeinigt, die Welt in eine portugiesische und eine spanische Hemisphäre zu trennen. Der portugiesische König Manuel I. ließ nun die Weltmeere weiter erkunden und überall Handelskontore eröffnen. Bald erstreckte sich sein Imperium – das bis dahin weltgrößte – von Europa über Afrika bis Indien und Indonesien und zu den fernöstlichen Gewürzinseln.

Aber Manuel beging einen gewaltigen Fehler: Er öffnete der fanatischen spanischen Inquisition den Weg nach Portugal. Das führte schon bald dazu, dass tausende von Juden fluchtartig das Land verließen. Die Juden waren es aber gewesen, die der Gesellschaft Portugals wertvolle Impulse gegeben hatten, insbesondere in der Wirtschaft, der Verwaltung und den Wissenschaften. Binnen zweier Jahrzehnte war es damit aus und vorbei. Damit leitete Manuel den Niedergang seines Imperiums ein.

ZUR PROVINZ DEGRADIERT

80 Jahre später ging das portugiesische Imperium unter König Sebastião sang- und klanglos unter. Dieser blutjunge Weltverbesserer wollte die Mauren in Afrika bekämpfen, segelte mit 20 000 Mann nach Marokko und unterlag auf dem Schachtfeld erbärmlich. Nur einige Hand voll überlebten. Bis heute warten nostalgisch veranlagte Portugiesen sehnsüchtig auf die mystische Heimkehr des Königs. Damit, so glauben sie, werden wieder ruhmreiche Zeiten anbrechen. Sebastião aber war kinderlos. Gemäß der Erbfolgeregelung setzte sich nun Spaniens König Filipe die portugiesische Krone auf. Immerhin wollte er Lissabon zur neuen Kapitale seines Großreiches machen, aber der diesem Gedanken abgeneigte kastilische Adel brachte die Idee zum Scheitern. Portugal verkam zur Provinz und konnte erst im Jahr 1640 wieder unabhängig werden. Holländer und Engländer nutzten diese 60 Jahre und traten ungehindert das Erbe der Portugiesen an.

DIE WELT STEHT KOPF

Spricht man heute von Portugals »Goldener Epoche«, ist eben jene Zeit gemeint, die mit Henrique beginnt, in Vasco da Gamas Indienfahrt gipfelt und mit Sebastiãos Irrkrieg endet. In diesen Jahren änderte sich die gesamte westliche Welt. Europa begann, sich am Reichtum zu berauschen, der in Form von Gold, Sklaven und Gewürzen sowie einer riesigen Palette von Gütern aus den

Schmiedeeiserne Laternen und Balkone zeugen in allen Küstenstädten von einer sehr reichen Handwerkskunst.

Linke Seite: Früher war jeder Küstenort ein Fischerhafen, jetzt gibt der Tourismus, wie hier in Albufeira, den Ton an.

Kolonien strömte. Nationale Interessen lösten das Monopol der katholischen Kirche in Rom ab, Glaubenskriege und Bauernrevolten erschütterten die Alte Welt.

Alle 50 Jahre wuchs nun die Bevölkerung an der Algarve um fast 10 000 Menschen, ein weit höherer Durchschnitt als in anderen Regionen Portugals oder europäischer Länder. Besonders in Lagos wurde viel gebaut, Werften entstanden, ebenso Kirchen und Klöster. Zu Beginn des 16. Jahrhunderts eroberte die *Manuelinik* von Lissabon ausgehend das ganze Land. Dabei handelt es sich nicht um einen Bau-, sondern um einen Dekorationsstil, die Architektur selbst gehorchte gotischen Mustern. Manuelinische Fenster sind überreich bemeißelt, wie »mit der Laubsäge herausgesägt« meint Thomas Mann. Überall in der Algarve findet man noch manuelinische Kirchenportale. Aber die vielen hundert, die es früher gab, sind inzwischen zerstört.

Bitteres Beben

Warum sind aber so wenige der alten Bauten erhalten? Schuld daran sind Erdbeben: Im 15. und 16. Jahrhundert gab es mehrere davon, doch am schlimmsten war jenes im Jahr 1755. Es zerstörte das gesamte südliche Portugal. Allein in Lissabon starben fast 50 000 Menschen. Noch schlimmer traf es die Algarve, da das Epizentrum nur wenige Kilometer südlich von Sagres lag. Europas Philosophen waren so erschüttert, dass sie nicht länger von einer »göttlich vorgegebenen Harmonie« sprechen wollten, wie sie seinerzeit noch an den Universitäten gelehrt wurde.

Als Ausdruck eines ungebrochenen Lebenswillens ließ Kanzler Marques Pombal Lissabons Innenstadt mit vorgefertigten Teilen neu aufbauen. Und in der Algarve ließ er binnen weniger Monate aus Holzmodulen *(Gaiolas)* im Schachbrettmuster die völlig neu angelegte Stadt Vila Real de Santo António hochziehen. Alles nur, damit die Spanier nicht meinten, Portugal könne die immensen Probleme nicht meistern. Immer noch strömte der Gold- und Diamantenfluss aus Brasilien nach Portugal, damit ließen sich neue Paläste und Klöster, Kirchen und andere stattliche Gebäude errichten. Aus diesem Grund zeigt die Algarve heute Ortskerne, die anscheinend alle in der Barockzeit erbaut wurden. Einige – zum Beispiel Lagos oder Tavira – haben also eine authentische Architektur des 18.Jahrhunderts.

Ethnische Puzzlespiele

In den Gesichtern der Menschen spiegelt sich die reiche Geschichte von Europas Südwesten in all ihren Epochen wider. Da sieht man phönizische und römische Züge, maurisches Erbe kommt in dunkler Haut und schönen Mandelaugen zum Vorschein, dazwischen zeigen sich nordische Züge mit blonden Haaren und blauen Augen – sie sind kreuzritterliche Spuren in dem genetischen Puzzlespiel der Algarve. Dazu kamen im Laufe der Geschichte die neu entdeckten Gebiete dazu, in welchen die portugiesischen Seefahrer ihre Spuren hinterließen. In den Häfen der Weltmeere hatten sie zahlreiche Kinder gezeugt. Und die Kolonialherren taten es ihnen gleich, die in Afrika, Brasilien und Fernost mit einheimischen Frauen zusammenlebten und Familien gründeten.

Zurück an den Rand gedrängt

Bedrohlich wurde der kontinuierliche Niedergang Portugals, als England ab 1820 den Handel mit Brasilien

Von der größten Siedlung für Thunfischer bei Pedras del Rei zeugen diese Anker. In einer einzigen Mannschaft arbeiteten über 100 Fischer in mehreren Booten.

Faszinierende Stimmung zur »Blauen Stunde«: Über die Costa Vicentina senkt sich der Abend.

an sich riss. Damit waren die reichen Diamant- und Goldvorkommen nicht mehr verfügbar, denen Portugal bislang seinen Prunk verdankt hatte. Später teilten Europas Großmächte zudem den afrikanischen Kontinent mit willkürlich gezogenen Grenzen unter sich auf und nahmen den Portugiesen weite Teile zwischen Angola und Mozambique. Diese Erniedrigung der Nation war erschütternd, daran änderte auch die Tatsache nichts, dass sich Portugal im Krieg zwischen den Prinzenbrüdern Manuel und Pedro zu einer liberalen Politik durchgerungen hatte. 1908 wurden Carlos, der letzte König des Landes, und der Kronprinz in Lissabon ermordet. 1910 wurde die erste Republik ausgerufen, die aber von Parteistreitigkeiten zerrüttet wurde. Durchschnittlich gab es drei neue Regierungen pro Jahr.

Salazar und ein halbes Jahrhundert Faschismus

1928 wurde Oliveira Salazar als Finanzminister eingesetzt. Bald ließ er sich mit diktatorischen Vollmachten ausstatten. Vorbei war es mit Opposition und Meinungsfreiheit, eine Geheimpolizei schürte Angst und Schrecken, die Ausgaben wurden strikt gekürzt, Portugal von Europa abgekoppelt. Gewerkschaften und Parteien wurden verboten, alle Preise und Gehälter diktierte Salazar selbst. Trotz seiner ideologischen Affinität zu Hitler, Mussolini und Franco hielt er sein Land im Zweiten Weltkrieg neutral, gestattete aber den USA, auf den portugiesischen Azoren zwischenzulanden. (Auch im Irak-Krieg 2003 gewährte Portugal den USA dieses Recht.) 1968 erlitt der sparsame Diktator Salazar einen Gehirnschlag, fiel von einem morschen Stuhl und starb.

Seine Nachfolger versuchten eine zaghafte Reformpolitik, hielten aber an dem Prinzip fest, Portugal müsse seine Kolonien behalten. Doch die jungen Offiziere wollten diesen Wahn nicht länger mitmachen. Die Hippiezeit war angebrochen, »Love and Peace« hatten sich die jungen Menschen der westlichen Welt auf die Stirn geschrieben. Dieser Zeitgeist machte auch an Portugals Grenzen nicht Halt. Endlich gelang im April 1974 die fast unblutige Nelkenrevolution, und von einem Tag auf den anderen waren Salazar und die Nachwehen seiner Diktatur, waren Kolonialpolitik und Unterdrückung Vergangenheit. In einem wahren Freudenrausch taumelte Portugal in seine ungewisse Zukunft. Nach der Revolution zog es fast eine Million Portugiesen aus

Goa, Angola, Mozambique, den Kapverdischen Inseln und Guinea-Bissau ins Mutterland, nach Lissabon vor allem, das immer als geistige Metropole des Kolonialreichs gegolten hatte und bis heute gilt. In einer gewaltigen Anstrengung, mit Solidarität und persönlichem Verzicht, schafften es die Portugiesen, alle *Retornados* (Heimkehrer) zu integrieren. Wirre Jahre folgten. Zunächst sah es aus, als würden die Kommunisten die Oberhand gewinnen – prompt verließen große westliche Unternehmen und reiche Familien das Land. Doch allmählich beruhigte sich die politische Lage.

Die geradezu grandios gelungene soziale Integration der *Retornados* wurde möglich, weil die Portugiesen nach einem halben Jahrhundert Salazar-Diktatur und chaotischen Revolutionswirren eine faszinierende Gelassenheit und Toleranz zeigten. Und genau diese Merkmale – Gelassenheit und Toleranz – kann man zu Recht als hervorstechende Charakteristika der Portugiesen und der Algárvios festhalten. Eine besonders faszinierende Eigenschaft der Menschen ist ihre Würde, die sie trotz ihrer Armut bewahrt haben. Ja, immer noch herrscht Armut, und immer noch gibt es – im Hinterland, nicht an der Küste, wo das moderne Leben pulsiert – Menschen, denen die materielle Not anzusehen ist. Indes, sie sind von besonderer Würde und Stolz geprägt. Woher das stammen mag? Wohl aus dem kulturellen Schatz, aus dem das Land sich nährt. Ein Schatz ist es, der in der goldenen Vergangenheit wie in einem wehmütigen Fado-Lied vergraben scheint, ein Schatz aber auch, der sich jedem zeigt, der offenen Auges und Herzens ist. Der Besucher der Algarve begegnet im äußersten Südwesten Europas Menschen, die sich durch Freundlichkeit und Warmherzigkeit auszeichnen.

Der Reichtum in den Hafenstädten – wir hier in Lagos – zog die Piraten an wie das Licht die Motten. Mit Burganlagen und Söldnern setzte man sich zur Wehr.

Am Rande Europas, aber in der Europäischen Union

Gemeinsam mit Spanien nahm Portugal in den 1980er-Jahren die Verhandlungen zum EU-Beitritt auf, 1986 wurden die beiden iberischen Staaten Mitglieder. Portugal als eines der ärmsten Länder im Bunde erhielt milliardenschwere Zuschüsse, die vorwiegend in die Infrastruktur flossen, insbesondere in Straßen. Zu wenig blieb für Schulen, Universitäten, Krankenhäuser oder Kindergärten. Doch das »rückständige« Portugal erwies sich bald als Vorzeigemitglied. Nirgendwo sonst war die EU bei den Menschen so beliebt, nirgendwo nahm die Arbeitslosigkeit so schnell ab und die Stabilität so umfassend zu. Dennoch: die Wirtschaftskrise zu Beginn des 21. Jahrhunderts traf das Land hart, auch den Tourismus, den wichtigsten Devisenbringer Portugals.

Feuer und Fussball

2003 gestaltete sich für das Hinterland der Algarve zu einem Schreckensjahr. Denn von Brandstiftern gelegte Feuer breiteten sich zu Europas größtem Waldbrand des Jahres aus und sorgten für verheerende Verwüstungen. Zehntausende Hektar sattgrüner Berglandschaften verwandelten sich in grauschwarze Ascheflächen. Aber einem Wunder gleich schlugen die meisten Bäume nach den ersten Regenfällen im Oktober wieder aus, vor allem die Korkeichen, Eukalyptus und die herrlichen Erdbeerbäume erwachten zu neuem Leben. Gerade rechtzeitig zur Fußball-Europameisterschaft zeigte sich die Algarve wieder von ihrer schönsten Seite, auch im Hinterland, wo einige Spuren des Feuers freilich immer noch zu sehen sind.

In Milreu finden sich prachtvolle römische Mosaike, die wie hier Delfine darstellen.

Auswanderertraum Algarve

Heute leben in Portugals südlichster Provinz und ihren 16 Kreisen *(concelhos)* an die 300 000 Menschen, davon sind über 95 Prozent zumindest auf dem Papier katholisch. Hinzu kommen über 40 000, vorwiegend britische, deutsche, holländische, französische und amerikanische Residenten, die an der Küste wie im Hinterland dem Leben ihren eigenen Stempel aufsetzen.

Portugal hat eine Fläche von 92 000 Quadratkilometern, die sich längs der Atlantikküste vom Rio Minho bis zur atlantischen Südküste der Algarve erstreckt. Über 800 Kilometer Länge misst das Ufer, fast 200 Kilometer davon erstrecken sich im Bereich der Provinz Algarve. Im wellenumtosten Kap São Vicente hat sie den südwestlichsten Eckpunkt Europas. Die Algarve breitet sich als maximal 50 Kilometer breiter vom Atlantischen Ozean eingegrenzter Streifen nach Spanien bis zum Grenzfluss Rio Guadiana auf 150 Kilometern Länge aus.

Die Algarve hat ihr eigenes Klima. Zum Norden, zur Nachbarprovinz Alentejo hin, wird sie von dünn besiedelten Hügellandschaften gesäumt, die im Fóia-Berg

Rechts: Der Rokoko-Palast von Estói verfällt allmählich. Ein Hauch von Wehmut ist über dem verwilderten Park zu spüren.

Das Stadtwappen von Lagos ragt vor der beeindruckenden Stadtmauer auf. Diese umringt die gesamte historische Innenstadt.

Links: Auch diese Säule ist römisch. Sie befindet sich ganz in der Nähe vom Estói-Palast in Milreu.

Einen Einkaufsbummel über einen Markt *(Mercado Municipal)* sollte sich der Besucher nicht entgehen lassen.

der Serra de Monchique immerhin auf über 900 Meter ansteigen – hoch genug, den Wolkenfluss aus Nordwest zu bremsen und der Algarve ihr einzigartig sonniges, höchst angenehmes Klima zu geben. 300 Sonnentage bringen der Region jedes Jahr aufs Neue den europäischen Rekord ein. Die Weihnachtsgans lässt sich hier durchaus auf der Terrasse verspeisen, wie es überhaupt auch in den Wintermonaten warm und sonnig sein kann. Im Sommer wirkt sich das Meer mildernd aus, Temperaturen über 38 Grad Celsius kommen im Küstenbereich selten vor.

Man kann die Algarve grob in zwei Küstenregionen aufteilen: Von der Westküste bis hinter Albufeira erstreckt sich der Barlavento (= Luvseite, dem Westwind zugewandt). Diese Küste wird wegen ihrer felsigen und pittoresken Uferzonen auch Fels-Algarve genannt. Der Sotavento (= Leeseite, dem Wind abgewandt) – auch Sand-Algarve genannt – beginnt bei Vilamoura und

Gemüse, Fisch, Fleisch, Wurstwaren, fast alles ist – wie hier in Loulé – frischer und auch preiswerter als im Supermarkt.

Rechte Seite: Ein Riesenspaß ist eine Fahrt mit der Eseldroschke durch Loulés pittoreske Altstadt.

reicht bis zum Rio Guadiana. Schier endlose Strände, Marschland und weiträumige Lagunen zeichnen das großzügige und sanfte Landschaftsbild.

Fast wie eine Insel

Auch die Vegetation wird vom Meer bestimmt, vom Wind, vom Salzgehalt in Luft und Boden. Die Algarve zählt zu einem spezifischen Vegetationsraum, der sich von den Atlantik-Archipelen Kanarische Inseln, Madeira und Azoren bis zum Süden Portugals erstreckt. Zu den typischen Pflanzen in den Wäldern des Hinterlandes zählen der Lorbeer- und der Erdbeerbaum, Korkeichen gedeihen prächtig, Johannisbrotbäume tragen reichlich süßliche Früchte (»Affenbrot«). Riesige Waldflächen des Hinterlandes sind heute vom Eukalyptus geprägt, der wegen seines geradezu unstillbaren Durstes und seiner leichten Entflammbarkeit (wegen des hohen Gehalts an ätherischem Öl in seinen Blättern) zunehmend in Verruf gerät. Pinien mit ihren strahlend grünen Schirmkronen wachsen bis zum Uferrand, wo auch wilde Feigen zu Hause sind.

Viele dekorative Pflanzen und Bäume, auch subtropische aus allen Teilen des früheren Imperiums, sind verwildert. So findet man riesige Rhododendron-Büsche in der Serra de Monchique. Bis zu den steil abfallenden Klippenwänden wachsen unzählige Pflanzen, auf fast jedem Quadratmeter lässt sich ein kleiner Wundergarten entdecken, der zu jeder Jahreszeit andere Blüten, Düfte und Farben hervorbringt. Dünenbereiche – sie stehen in der Regel unter Naturschutz – haben eine ganz eigene Vegetation und sind von hohen Gräsern bestanden. Ganze Hügelketten sind von den Büschen der Zistrosen bewachsen. Eine harzige Schicht überzieht die

Zweige, was sie vor dem Austrocknung schützt; der ausströmende Duft ist unverkennbar herbsüß. Da die Luft in der Algarve sehr sauber ist (es gibt keine Industrieansiedlung), hüllt dieser Duft an heißen Sommertagen weite Landstriche ein.

Ein Vogelparadies

Über 200 Land- und Wasservogelarten lassen sich in der Algarve beobachten. Die Ria Formosa und die Ria de Alvor dienen vielen Zugvögeln als nahrungsreiche Stopps auf dem Weg von und nach Afrika. Hier finden sie zahllose Kleinkrebse, Fische und Muscheln. Das Revier rund um Sagres gilt als eines der fischreichsten Europas, weil hier der Golfstrom und andere Strömungen für eine enorme Artenvielfalt und riesige Schwärme sorgen. Weit draußen auf hoher See kommen Schwertfische in Weltrekordgröße vor und erst im Februar 2004 fing man einen Hai von neun Metern Länge und einen Schwertfisch von über 1000 Kilogramm und 14 Metern Länge. Dieser soll angeblich an die 300 Jahre alt gewesen sein. In Landnahe begeben sich diese Riesenräuber aber nicht. Wie überall in südlichen Ländern haben Jäger das Wild in den Wäldern praktisch ausgerottet – es gibt noch Hasen, einige wenige Luchse, viele Wildschweine, Wildkatzen und Marder. Rotwild hingegen oder Wölfe kommen nicht mehr vor.

Wie Geschichte greifbar wird

Aus der Vorzeit finden sich Dolmengräber (Antas), wie in Alcalar bei Portimão. Römische Funde gibt es zahlreiche, aber nur wenige wurden archäologisch exakt untersucht. Milreu bei Faro ist ein gutes Beispiel für eine stattliche römische Anlage. Hier finden sich Mosaike von Delfinen. Aus der westgotischen Epoche ist kaum etwas zu finden, bis auf einige gemeißelte Säulenkapitelle, die man im Archäologischen Museum Faro bewundern kann.

Aus der Maurenzeit finden sich etliche Relikte, vor allem in Burganlagen und Stadtmauern, wie in Tavira, Loulé oder der ehemaligen maurischen Metropole Silves, aber auch in Albufeira oder Aljezur. Kreuzritter hinterließen ihre Spuren ebenfalls an vielen Stellen, zum Beispiel in der kapitalen Burg von Castro Marim. Bescheidene Kirchen oder Kapellen aus dieser Epoche gibt es keine, die älteste dürfte die Kapelle von *Guadalupe* (13. Jahrhundert) sein. Sie wurde renoviert und ragt neben der N125 *(Via do Infante)* auf. Der romanisch-gotische Bau ist von einer schlichten, aber faszinierenden Harmonie bestimmt. Hier pflegte Heinrich der Seefahrer auf dem Weg von und nach Sagres zu beten. Stärker besiedelt wurde die Algarve erst unter der Regentschaft dieses Prinzen, der als Gouverneur die Geschicke der Provinz lenkte.

Azulejos – Keramikkacheln verschönern die Welt

Eine ganz eigene »Kultursparte« bildet Portugals schönste Kunst: Azulejos. Das Bemalen von Kacheln stellt eine Weiterentwicklung der römischen Mosaikkunst dar und begann in Nordafrika. Das arabische Alzuleji (»kleiner Stein«) deutet darauf hin. Techniken und Moden änderten sich. Ab dem 16. Jahrhundert, noch beeinflusst von italienischen und holländischen Meistern, entwickelte sich ganz allmählich eine typisch portugiesische Richtung. Nach dem Beben im Jahr 1755 entstanden einige Manufakturen, in welchen Arbeiter die Azulejos nun halbindustriell anfertigten. Mit ihnen verkleidete man ganze Häuser, Bahnhöfe, Hospitäler und Stadtbrunnen.

Aus Lust an der Wehmut

In der Musik beschritt man mit Folklore und Fado eigene Wege. Fado-Musik hat viel mit Sehnsucht zu tun. Viel wurde schon über diese »Saudade« geschrieben, die eine eigenwillige Mischung aus allerlei Stimmungen darstellt. Liebe, Lust und Leid sind darin verwoben, Schmerz und Klage stimmen mit ein und erzeugen eine Wehmut, die wie ein süßer Dolch im Herzen wühlt.

Woher der Fado kommt, ist ungewiss. Historiker hören in ihm die Klänge maurisch-berbischer Musik. Jedenfalls war Fado bis vor 200 Jahren die Musik des schlichten Volkes, beeinflusst vom Singen der Sklaven auf den Schiffen und teilweise »rückimportiert« aus Brasilien. Plötzlich wurde diese Musik aber zur Mode in Lissabon, wurde und blieb gesellschaftsfähig. Nach dem Tod der »Fado-Göttin« Amalia Rodrigues erlebte der Fado zum Ende des 20. Jahrhunderts eine starke Renaissance mit jungen Spitzenkünstlern wie Mariza, Camané oder Dolce Pontes. In der Algarve gibt es einige Lokale, wo man guten Fado erleben kann. Und in den Diskos spielen Bands auf, die es mit den berühmten Gruppen aus Großbritannien oder anderen Ländern jederzeit aufnehmen können.

Mächtige Grotten, Höhlen und Schlunde werden von Wind und Wetter zurecht gemeißelt. Der Leuchtturm von Carvoeiro ragt auf einem solchen dramatischen Klippenstreifen empor.

Leuchttürme dienen den Schiffen zur Orientierung, wie hier das Farol Cabo de Santa Maria. Es markiert die Haupteinfahrt in die Ria Formosa.

Sotavento

Wo die Ruhe herrscht

Das wichtigste Kennzeichen des Sotavento sagt schon die deutsche Bezeichnung »Sand-Algarve«. Sand gibt es hier, so weit das Auge reicht: von Quinta do Lago im Westen bis zur Mündung des Grenzflusses Rio Guadiana im Osten. Auf 60 Kilometern Länge ist dem Sandufergürtel die Ria Formosa vorgelagert. Dieses Haffland ist vom Atlantik durch eine mächtige Dünenkette abgeschirmt, die nur an wenigen Stellen das Meerwasser einströmen lässt. Zweimal täglich verwandelt sich die zwischen Dünen und Ufer verlaufende Ria-Lagune in ein weit verzweigtes, unendlich verästeltes System aus Wasserläufen. Daraus rinnt das salzige Nass ab, um Stunden später in umgekehrter Richtung wieder hinein zu fließen. Einige wenige Inseln werden nicht überschwemmt und glänzen wie vergoldet im gleißenden Licht des Sotavento.

Ganz besonders eindrucksvoll lässt sich die Algarveküste bei einer Fahrt mit einem Segelkutter, wie etwa von Vilamoura aus, entdecken.

Ein Paradies für zahllose Arten von Meeresgetier ist die Ria und der gesamte Sotavento. Gerade weil es so viele Kleinkrebse und Fische gibt, ist dieser Küstenstrich einer der wichtigsten Zwischenstopps für Zugvögel, die sich auf dem Weg von und nach Afrika befinden. Vogelbeobachter geraten in dieser Gegend leicht ins Schwärmen. Auch wer gerne Muscheln sammelt (oder diese einfach nur im Restaurant genießt), kommt hier voll auf seine Kosten. Aber es ist etwas anderes, was die Liebhaber dieser Küstenregion am meisten schätzen – die Ruhe nämlich. Hier im Osten der Algarve laufen das Leben und der Alltag überaus gemächlich, ganz und gar behaglich ab.

Vilamoura – sanfter Tourismus vom Reissbrett

Argwöhnisch betrachteten die Tourismusbehörden der Algarve in den 1970er-Jahren, wie sich der Fremdenverkehr planlos ausbreitete. Portugal schien Gefahr zu laufen – ähnlich wie Nachbar Spanien – dem Billigtourismus zu verfallen. Daher beschloss man, auf dem Reißbrett den Ort Vilamoura als Gegenmodell zu gestalten. »Qualitäts-Tourismus« hieß die Devise. Rund um einen Yachthafen *(Marina)* baute man Komforthotels und legte in der weiteren Umgebung ein Netz aus Golfplätzen an. Binnen weniger Jahre wurde die *Marina* ein feudaler Ankerplatz für 800 Segelboote. Restaurants, Boutiquen und andere Geschäfte boomten mit, und das nahe Städtchen Almancil verwandelte sich in einen begehrten Standort für Anwälte und Ärzte – das Konzept der Planer war aufgegangen. Heute gilt Vilamoura als Musterbeispiel für eine in allen Belangen des Tourismus weitsichtige und gelungene Planung.

Es war ebenfalls in den späten 1970er-Jahren, als der Millionär André Jordan die Quinta do Lago östlich von Vilamoura erstmals besuchte. Spontan griff er zu, denn er hatte das Potenzial dieses Großbesitzes erkannt. Hunderte von Hektar Land erwarb er, die er anschließend verkaufte, aufgeteilt in wie Perlen an einer Kette gereihte Parzellen. Hauptobjekt war ein Grandhotel, das die legendäre Orientexpress-Gesellschaft betrieb. Schwierig gestaltete sich das Immobilien-Mammutunterfangen nicht, denn Quinta do Lago stellt ein gigantisches Mosaik dar, in dem jedes Steinchen richtig platziert ist. Sei es der herrliche Dünenstrand und gleich daneben die Lagunenausläufer der Ria Formosa, sei es der idyllisch in das wellige Land gebettete Süßwassersee (»Lago«), seien es die nicht enden wollenden Wälder aus Schirmpinien oder die Pastelltöne zu jeder Tageszeit, die lauen Winde, die salzige Luft vom Meer. In einer architektonischen Glanzleistung schaffte man es, Golfplätze, ein Fünf-Sterne-Hotel und alle dazugehörigen Luxusanlagen in dieses Idyll zu integrieren. Zwischen den Pinien ragen jetzt vornehme Villen auf, bewohnt vom Geldadel aus aller Herren Länder.

Nur wenige Kilometer entfernt breitet sich ein weiteres Golf-Eldorado aus: Vale do Lobo. Seine Villenkomplexe sind umrahmt von Greens, und das klackende Geräusch der Schläge ist den Golfliebhabern so lieb wie das Trällern der Nachtigallen, von welchen es hier im übrigen etliche gibt. Vale do Lobo hat sich in den jüngsten Jahren zu einem namhaften Sportzentrum gemausert, das auch deutschen Fußballteams der Bundesliga als Trainingsort dient.

Vorne Strand, hinten Strand

Beim International Airport Faro geht das Gebiet Quinta do Lago in die Ilha de Faro über. Diese Insel stellt den westlichsten Zipfel jener Sandbank dar, die sich dann 60 Kilometer weit nach Osten, in Richtung Spanien hinzieht. Sie riegelt die Ria Formosa vom offenen Meer ab. Die Ilha wurde wild zugebaut, ein Haus drängt sich an das andere, einige sind barackenartig zusammengeschustert, andere wie kleine Villen konstruiert. Aber alle haben eines gemeinsam: Ihre Besitzer sind geradezu verrückt danach, unmittelbar in Meernähe zu wohnen. Der Strand der Ilha ist über acht Kilometer lang, eigentlich ist er zweimal acht Kilometer lang, denn sowohl zum Atlantik wie zur Lagune hin säumt der Sandstrand die Insel. Die wellengeschützte Lagune wird

Die Einfahrten in die Marinas (Jachthäfen) sind beliebte Angelplätze.

Über 800 Jachten finden in der Marina von Vilamoura luxuriöse Anlegeplätze.

immer mehr zum Tummelplatz für die Liebhaber Adrenalin fördernder Sportarten. Da steigen Wellensurfer mit Paraglidern in die Höhe und knallen zurück auf das gar nicht mehr so sanfte Meer, andere sausen mit Höchstgeschwindigkeit auf dem glatten Wasser dahin, und Hunderte von Neugierigen schauen begeistert zu.

Faro – viel mehr als nur Flughafen

Die Bauherren des International Airport Faro hätten sich nie träumen lassen, dass ihr 1965 gebauter und seinerzeit hochmoderner Flughafen bald viel zu klein für den Besucheransturm sein würde. Im Jahr 2003 schloss man dann eine Ausbauphase ab. Der Betrieb funktioniert nun reibungslos, denn die Kapazität ist auf 20 Millionen Fluggäste pro Jahr ausgelegt. Autovermietung und Transfer zu den Hotels sind nahezu perfekt durchorganisiert.

Schade, dass die meisten Besucher der Algarve von Faro nur den Flughafen kennen. Denn diese Stadt hat viel Interessantes und Schönes zu bieten – auch wenn es das von außen, als suburbanes Häusermeer betrachtet, keineswegs verspricht. Gefällig wirkt unter diesen modernen Bauten eigentlich nur das Einkaufs- und Kulturzentrum »Forum de Algarve«, das mit internationalen Preisen ausgezeichnet wurde. Es ist hier einfach wie in den meisten Großstädten: Der Besucher muss rein in den charakterlosen Vorstadtgürtel, diesen rasch durchqueren und hinein ins historische Zentrum stoßen.

Ein Bummel durch die Geschichte

Die attraktive Altstadt Faros kann man bequem in zwei Stunden erkunden. Auf engstem Raum geben sich hier alle wichtigen geschichtlichen Epochen der Algarve ein Stelldichein: Römischen Ursprungs ist der kleine Bivar-Stadthafen, daneben ragen die Mauern einer maurischen Burganlage auf. 1249 nahmen Kreuzritter die sarazenische Burg ein. Nicht übersehen darf man das Stadttor *Arco de Repouso*, denn gleich außerhalb der Stadtmauer findet sich dort neben einem Wachturm ein eindrucksvolles blauweißes Azulejo-Bild, das diese Eroberung plastisch darstellt. Die Mauer ist fast komplett erhalten, sie überstand nämlich sogar das Erdbeben 1755. Innerhalb ihres Bannkreises herrscht Leben, und zwar ein echtes, uriges, durch und durch portugiesisches. Einige Fischerfamilien leben in schiefen Häuschen mitten im historischen Gemäuer.

Fast alle Kirchen an der Algarve wurden nach dem Erdbeben im Jahr 1755 neu erbaut – ganz im charakteristischen Barockstil dieser Epoche, wie hier das Gotteshaus von São Lourenço.

Linke Seite: Die barocke Kapelle von São Lourenço bei Almancil ist ein Kleinod für alle Besucher, die Kachelbil der *(Azulejos)* und vergoldete Holzschnitzereien *(Talha)* hoch schätzen.

Traumhaft schön gelegen sind die Golfplätze der Algarve. Einige, wie hier in Vale do Lobo, sind aufgrund besonders schwieriger Schläge über extreme Längen unter Golfern geradezu legendär.

Maurischen Ursprungs ist auch die Kathedrale Sé, die aus einer Moschee entstand. Am Vorplatz prunkt der lang gezogene barocke Bischofspalast, daneben das klassizistische Rathaus. Der ehemalige Convento Nossa Senhora da Assunção dient heute als Archäologisches Museum, das auch einige seltene Fundstücke aus der westgotischen Epoche beherbergt (viertes bis achtes Jahrhundert). Aus dem Klosterkomplex ragt ein Holzturm auf. Durch die Schlitze in den Wänden spähten einst die Nonnen des Klarissenordens – das war ihr einziger Kontakt mit der Außenwelt. Wenigstens per sehnsuchtsvollem Blick konnten sie das Leben draußen vor den Klostermauern verfolgen …

Die Stadtmauer verläuft in Ufernähe, sie ist vom Wasser nur durch eine Eisenbahntrasse getrennt. Die Bahn (caminho de ferro) ist übrigens ein ebenso praktisches wie vergnügliches Verkehrsmittel, mit dem sich die Algarve – und vor allem der Sotavento – ganz menschennah erkunden lässt. Da schaukelt man durch Hintergärten und Salinenfelder, durch Oliven- und Orangenhaine und erhält ganz unverfälschte Eindrücke vom Leben der Einwohner. Mit der Bahn sind viele Ortskerne zu erreichen und dann zu Fuß zu erkunden, zum Beispiel Faro, Olhão, Tavira und Vila Real de Santo António.

Die Oldies von Olhão

So mancher Besucher schwärmt von dieser Fischerstadt mehr als von den »Perlen der Algarve« Lagos, Tavira oder Ferragudo. Olhão wird von vielen gar als »portugiesische Offenbarung« gepriesen. Wer ein solches Urteil fällt, der fühlt sich sich vom Schnörkellosen und Waschechten, vom Urigen und Kernigen angesprochen. Daran mangelt es hier wahrlich nicht. Das Leben pulsiert besonders heftig und quirlig an den renovierten Markthallen am Uferkai. Restaurants und Café-Bars reihen sich dort aneinander, hier duftet es nach frischem Obst, dort nach Fisch und Meeresfrüchten, und von der Ria weht der salzige, bisweilen modrige Geruch des Hafflandes heran. Farbenfroh bemalte Fischerboote tuckern in den oft schmalen Wasserläufen in Richtung Cabo de Santa Maria, wo ein hoher Leuchtturm den Haupteinlass in die Ria anzeigt. Zwischen dem Festland und den bewohnten Inseln Culatra und Armona verkehren regelmäßig Fährschiffe. Wer eine Überfahrt macht, taucht unterwegs hautnah in die wunderbare Ria-Welt ein.

Der Maghreb in Portugal

Lässt man sich hinter der Uferstraße in das Gewirr aus Gassen und Plätzen treiben, umfängt einen das wahre Leben von Olhão. In vielen Geschäften findet man Mobiliar, das ein halbes Jahrhundert alt ist, einige Restaurants sind ebenfalls seit Jahrzehnten unverändert, selbst das Personal scheint direkt aus einer anderen Zeit zu stammen. Wem hier das Herz nicht aufgeht …

Einige Bauten, wie die barocke Pfarrkirche *Igreja Matriz*, sind architektonisch besonders gelungen. Hier sollte man die an der Rückwand befindliche Fischerkapelle *Capela do Senhor dos Aflitos* aufsuchen, wo die Frauen von Fischern, sobald ihre Männer in See stechen, zu jeder Tages- und Nachtzeit Gelübde- und Opferkerzen aufstellen. Interessant sind auch die einfachen Fischerhäuser, selbst die erst vor zwei Jahrzehnten erbauten. Ihre flachen Dächer sammeln Regenwasser und bieten Platz zum Trocknen der Netze. Diese Stadtarchitektur versetzt den Besucher im Geiste nach Marokko.

Der See von Quinta do Lago ist teilweise umgeben von Luxusvillen. Geldadel und Stars aus aller Welt haben sich hier in einem Zweitwohnsitz niedergelassen.

Links: Vogelfreunde aufgepasst – diese Holzbrücke führt von Quinta do Lago in ein wahres Vogelparadies.

Alles über die Ria

Quinta de Marim heißt das Verwaltungszentrum jener Behörde, die für das Naturschutzgebiet Ria Formosa zuständig ist. Es ist in einem Pinienwald am Ostrand von Olhão zu finden. Hier erhält der Besucher in einer vorbildlich ausgestatteten Infozentrale detailliertes Material, zum Beispiel über die vielen Pflanzen und Tiere, die in der Ria leben. Die Artenvielfalt ist riesig: Über 200 Vogel-, 700 Pflanzen-, fast 300 Krustentier-, 80 Fisch-, 15 Reptilien- sowie 18 Schnecken- und Muschelarten kommen hier vor. Im angeschlossenen Park kann man dann römische Ausgrabungen besichtigen. Eine restaurierte Gezeiten-Mühle verdeutlicht, wie noch bis vor

Faro: Wo der Putz bröckelt, ist die Stimmung noch portugiesischer, noch wehmütiger, einfach noch schöner.

Prunkvolles Kopfsteinpflaster, herrliche Stadtvillen, zahllose Bars und Cafés – in Faros Altstadt trifft man auf all das.

zwanzig Jahren mit Hilfe des beständigen Wechsels von Ebbe und Flut mächtige Mühlsteine bewegt wurden. Außerdem findet man im Park die einzige staatliche Zuchtstätte des Wasserhunds Cão de Água.

Tavira – Salz als wichtigstes Gut

Ganze sechsunddreißig Gotteshäuser lassen sich in Tavira finden, inklusive jenen in einigen Klöstern. In der Tat sind sie aus dem Stadtbild nicht wegzudenken, obwohl sie es nicht ausmachen. Denn das prägende Element dieser alten 12 000-Einwohner-Hafenstadt ist der von Ebbe und Flut bestimmte *Rio Gilão*. Gleich hinter dem Ortskern mündet er in einem Riesennetz aus Wasserläufen, die das zweimal täglich pochende Herz- und Adernsystem der Ria bilden. Schon die Römer schätzten diesen Hafenort sehr. Aus dem Hinterland brachten sie allerlei Güter herbei: Gold, Silber, Kupfer, Tierhäute, Hölzer, Holzkohle. Und natürlich Fisch. Die Schiffe konnten in der wellengeschützten Ria ungefährdet lagern, Piraten konnten hier nicht überfallartig plündern, denn man hätte sie schon von weitem gesichtet.

Das wichtigste Handelsgut war aber schon seit Vorzeiten das Salz *(sal)* aus Tavira. Separate, weitflächige Felder werden überschwemmt, der Zulauf anschließend gesperrt. Das gesammelte Meerwasser verdunstet, zurück bleibt eine Kruste aus reinstem Salz. Wer erst einmal den Geschmack dieses Salzes auf der Zunge gespürt hat, will sich mit keinem anderen mehr zufrieden geben! Von Tavira aus wurden die kostbaren weißen Kristalle in das gesamte portugiesische Imperium exportiert. Ein gewisser Wohlstand war die Folge, was dazu führte, dass Tavira nach dem Erdbeben 1755 zur Hauptstadt der Algarve erhoben wurde.

Rosinen im Kuchen

Gleich am Rio breitet sich das gemütliche Herzstück des Städtchens aus: Die ehemalige Markthalle und der Platz *Praça da República*. Daneben überspannt eine römische Brücke den Rio. Überquert man sie, gelangt man in den Ostteil von Tavira. Dieser wirkt sogar noch altertümlicher! Den besten Überblick über Innenstadt und Umgebung gewinnt der Besucher von der ehemaligen Burg aus, die man über eine Gasse gleich neben der *Praça da República* erreicht. Auf dem Weg nach oben passiert man auch eine der schönsten städtischen Kunstgalerien der Algarve – *Palácio da Galeria*. Ganz in der Nähe muss man vor dem Portal der *Misericórdia*-Kirche die Augen und Sinne öffnen, um einen harmonischen manuelinischen Bau auf sich wirken zu lassen. Er wurde im Jahr 1541 begonnen – und stellt ein Glanzstück bildhauerischen Schaffens dar. Sehenswert sind auch die Azulejos im Innenraum.

Eines merkt jeder Besucher bald: Dieses Tavira muss man zu Fuß entdecken, man muss sich treiben lassen und nicht nur die wichtigsten Bauten bewundern. Das gilt übrigens für die gesamte Algarve: Die Würze liegt im Detail, und dieses liegt oft verborgen, ist nur dem zugänglich, der »richtig« guckt … So – und nur so – kommt man dem Geheimnis der hier herrschenden wehmütigen und damit typisch portugiesischen Stimmung auf die Spur: Erst wenn man das Bröckeln des Putzes wahrnimmt, der leise von den gekalkten Wänden rieselt, erst wenn die Sehnsucht nach der Vergangenheit sich mit der Erwartung der Zukunft verflicht, kann man erahnen, was die Portugiesen mit dem berühmten Wort *Saudade* meinen. In Tavira lässt es sich bald erahnen.

Der kleine Bivar-Stadthafen in Faro ist eine Oase der Ruhe inmitten der quirligen Algarve-Metropole.

Ein Paradies für Sonnenanbeter

Für Sonnenhungrige ist die Ilha de Tavira ein wahres Paradies. Hinüber zu dieser zehn Kilometer langen Insel kommt man nur mit dem Fährboot, das in Quatro Águas in der Nähe des ehemals größten Thunfischerdorfes der Algarve ablegt. Diese nur wenige Minuten andauernde Schaukelei ist ein Vergnügen. Drüben angekommen, kann man am Atlantik oder an der Lagune wandern, Muscheln sammeln, im Sand liegen und die Seele baumeln lassen. Auf der Ilha findet sich außerdem der einzige offizielle Nacktbadestrand der Algarve – obwohl man ja an keinem Strand der Algarve die Dinge so genau nimmt.

Sie gehören zum Stadtbild von Faro: Auf Kirchtürmen und Kaminen, Mauerresten und Bäumen nisten Störche.

Monte Gordo und ein königliches Schachbrett

Hinter Tavira endet die Ria Formosa, bald wird das Ufer aus niedrigen Sandklippen von sattgrünen Schirmpinien gesäumt. Dann kommt Monte Gordo in Sicht. Einige hohe Häuser, Hotelbauten natürlich, ragen auf, dazwischen breitet sich dieser populäre Strandort so überbordend aus, dass er aus allen Nähten zu platzen droht. Eigentlich war Monte Gordo einmal ein Vorort

Rechts: Geht man durch diesen Torbogen, gelangt man in die bildhübsche Cidade Velha (Altstadt) von Faro.

der nahen Stadt Vila Real de Santo António, hat diese aber nicht nur hinsichtlich der Einwohnerzahl längst hinter sich gelassen.

Schöner ist natürlich die alte Stadt mit dem königlichen Beinamen »Real«. Sie entstand nach dem Erdbeben, aufgrund einer königlichen Order, die da hieß: Portugal darf nach dem katastrophalen Beben von 1755 keine Schwäche zeigen! Es muss Reichtum, Stärke und Herrlichkeit demonstrieren! Genau an der Grenze zu Spanien plante der König diesen Ort. Ähnlich wie die »Baixa« (die Unterstadt von Lissabon), legte man ihn im Schachbrettmuster an, ließ komplette Hausteile in Lissabon vorfertigen, schiffte sie an den Rio Guadiana und zog binnen einiger weniger Monate die Vila Real de Santo António hoch. Das war in der Tat eine logistische Meisterleistung!

Diese Vila Real hat eine überaus eigenwillige, grenzstädtische Atmosphäre, daran kann auch das vereinte Europa nichts ändern. Sie wirkt wie ein riesiges Freiluft-Kaufhaus mit hunderten von altmodischen Läden. Vorwiegend Spanier schlendern durch die Gassen, gucken, handeln und kaufen, kaufen, kaufen ... Einige urige Tascas (Tavernen) sind an Gemütlichkeit nicht zu über-

Ganz links: Mit Azulejos sind die Wände des Palastes von Estói und auch die Nebengebäude verkleidet.

Aus der Nähe sieht man, wie überaus fein und aufwändig die Azulejos gearbeitet sind.

Nur wenige Kilometer hinter dem Küstenstrich verwandeln sich die Äcker und Wiesen ab Januar in farbenprächtige Blütenteppiche, hier bei Moncarapacho.

treffen, in zahlreichen kleinen und großen Restaurants kann man vorzüglich speisen. Will man einen Abstecher nach Spanien unternehmen, lohnt sich die Fahrt mit der Fähre über den zwei Kilometer breiten Rio Guadiana hinüber nach Ayamonte.

Kreuzritter unter sich

Fünf Kilometer nördlich thront die majestätische Burgfeste von Castro Marim auf einem Berghöcker. Unten breitet sich das Mündungsdelta des Rio Guadiana aus mit seiner riesigen Fläche von Salinenfeldern. In der Ferne glänzt silbern der Rio. Und alles ist von der Burg aus zu sehen und damit zu überwachen – dieser Standort ist ein strategisches Juwel. Das hatten bereits die Kreuzritter erkannt und erbauten die mächtige Burganlage im 12. Jahrhundert mitten im »Feindesland« der Mauren. Sie wurde bald zum Hauptsitz der Templerritter erkoren, einem Orden, der großen Einfluss auf den Königshof hatte. Als dieser in ganz Europa überaus mächtige Orden auf Drängen des französischen Königs vom Papst verboten wurde, vertrieb man die Templer aus zahlreichen Ländern und enteignete ihre Güter und ihren Landbesitz.

Portugals König hielt sich allerdings nur bedingt an die Weisungen aus Rom. Zwar ließ er die Templer wie vom Papst geheißen, verbieten, rief aber im gleichen Atemzug einen anderen Orden ins Leben, der die gleiche Satzung, die gleichen Mitglieder, die gleichen Ziele hatte wie die Templer – dieser neue Orden nannte sich fortan Christusorden. Der Hauptsitz der geistlichen Ritter wurde erst im 14. Jahrhundert von Castro Marim nach Tomar im Zentrum des Landes verlegt. Später war Infante Henrique (Prinz Heinrich der Seefahrer) Gouverneur des Ordens. Mit den Geldmitteln der Organisation finanzierte er sodann die großen Entdeckungsfahrten Portugals.

Klassizistisch und dennoch barock angehaucht ist die prachtvolle Fassade der Igreja Matroz in Olhão.

Der Markt von Olhão: Kann man da widerstehen?

Rechts: Erntefrisch – von den Feldern direkt auf den Klapptisch am Markt.

Rechts: Auch das gehört zur Arbeit des Fischers: Die Fangkörbe für Kraken und Langusten müssen in Stand gehalten werden.

Links: Auch Fisch ist auf dem Markt am frischesten.

Unten: Mit reichem Fang kehren die Fischer von der Fahrt zurück.

Die Stadtmauer von Tavira ist teilweise begehbar. Von hier genießt man herrliche Ausblicke.

Die römische Brücke am Rio Gilão ist der beliebteste Treffpunkt in Tavira.

Steinmetzkunst an einem Gotteshaus in Tavira

Rechte Seite: Die Ilha de Tavira ist ein über acht Kilometer langer Strand – nicht nur für Muschelsammler ist das ein wahres Paradies.

Eine wahre Postkartenansicht bietet sich von der Wasserfront in Tavira.

Unten: Typische Straßenszene in Tavira

Einige wichtige Elemente der Algarve-Architektur finden sich in diesem Ensemble, von der Aufteilung der Fenster über die Ornamente und das Balkongeländer aus Zement. Alles ist typisch für den Stil der 1920er- bis 1940er-Jahre.

Der Glockenturm in Taviras Altstadt: Nur am Sonntag läuten sie alle.

Der Uhrenturm mitten in der Burganlage …

… und die langgestreckte römische Brücke …

… sowie Azulejos an den Hausfassaden sind die Charakteristika von Tavira.

Monte Gordo ist bei vielen Touristen überaus beliebt.

Die bunten Fischerboote – hier am Strand von Monte Gordo – sind keine Museumsstücke, sie sind auch heute noch im Einsatz.

Endlose Reihen von Sonnenschirmen aus Stroh am endlosen Strand bei Monte Gordo

Der »Platz der Republik« in Vila Real de Santo António gilt neben der Lissabonner Unterstadt als Paradebeispiel für eine im Schachbrettmuster angelegte Stadt des 18. Jahrhunderts.

Oben: Mit Azulejos verkleidete Häuser bleiben auch in der Sommerhitze angenehm kühl.

In der »Königlichen Stadt« (so die Übersetzung von Vila Real) von Santo António geht es stets gemütlich zu, auch wenn viele Spanier zum Einkaufsbummel anrücken.

Rechte Seite: Die Harmonie der Algarve-Architektur kann man nicht genau erklären. Indes: Viele Bauten, auch sakrale, sind davon durchwoben. Hier die Kirche von Castro Marim.

Auf dem Rio Guadiana lässt es sich – vor allem bei einsetzender Flut – genüsslich bis nach Alcoutim und Mértola segeln.

Am Ufer der Salinengebiete von Castro Marim zeichnen teils uralte Olivenhaine geometrische Muster.

Der Stausee von Odeleite ist ein Angler- und Badeparadies.

Die fünf schönsten Erlebnisse im Sotavento

Estói
Nur acht Kilometer nördlich von Faro lässt sich dieses in einem verwunschenen Park versteckte Rokokoschlösschen entdecken. Am schönsten ist es hier am Nachmittag, wenn das späte Sonnenlicht die Bäume und die Brunnen, die Fassade und die Azulejos in rötliches Licht taucht. Sehr romantisch!

Mit Hexen tanzen
Alljährlich im September findet eine der attraktivsten Veranstaltungen der Algarve im Burggemäuer und im Dorf von Castro Marim statt: Die Mittelalterlichen Tage *(Dias medievais)*. Im Eintrittspreis sind die historischen Gewänder für alle Gäste inklusive, und so sitzen und singen, speisen und tanzen Ritter mit Prinzessinnen, Hexen mit Astrologen, Nonnen mit Gauklern.

Cacela-Velha
Schöner kann der Ausblick auf die hier endende Ria Formosa nicht sein als von diesem Dörfchen aus, das sich rund um eine Mini Hafenburg aus dem 12. Jahrhundert gruppiert. Drei Häuser beherbergen Kneipen – und jede ist gut. Vom Dorfplatz führt ein Weg hinunter zur Ria. Problemlos kann man zum vorgelagerten Dünengürtel gelangen und lange, ganz und gar einsame Strandspaziergänge unternehmen.

Ein kunsthistorisches Kleinod
Die barocke Kapelle von São Lourenço bei Almancil ist ein Kleinod für alle Besucher, die Kachelbilder *(Azulejos)* und vergoldete Holzschnitzereien *(Talha)* hoch schätzen.

Quinta do Lago
So streng abgeriegelt die Millionärsvillen wie die von Maradona sind, so populär (aber dezent) ist der Strand von Quinta do Lago. Mit Lusitanopferden diese Traumgegend im Galopp zu durchreiten, ist ein Highlight algarvischer Lebenslust. Zu buchen beim Hotel Quinta do Lago, Tel. (2 89) 35 03 50.

Fels-Algarve heißt die Südwestküste auch. Diesen Namen verdankt sie ihren Steilküsten und den zahlreichen bizarren Felsformationen.

BARLAVENTO

Golf vom Feinsten im Sonnenland

Barlavento, das ist die »dem Wind hingewandte Seite«. So heißt die Südwestküste der Algarve. Beinahe 50 Kilometer lang erstreckt sie sich von Burgau bis kurz hinter Albufeira. Im Deutschen hat sich eine sehr treffende Bezeichnung durchgesetzt: Fels-Algarve. Damit sagt der Name schon, was diese Region landschaftlich prägt – eine felsige, hinreißend schöne Uferlandschaft.

Leuchttürme haben immer etwas Sehnsüchtiges, Romantisches an sich, wie hier an der Ponta da Piedade.

Der Barlavento wartet nicht mit mächtigen Felsklippen auf, wie zum Beispiel die wilde *Costa Vicentina*, sondern mit einer faszinierenden Kette von Sandsteinfelsen. Ohne Unterlass schleifen, feilen, nagen und meißeln Wind und Wasser daran. Das Ergebnis dieses Erosionsprozesses sind skurrile Felsgebilde – Grotten, Türme, Nadeln und Dome in allen Größen. Dazwischen finden sich Strände, winzig kleine und versteckte, aber auch weitläufige, dem Steilufer vorgelagerte Sandstreifen – ein pittoresker Bilderbuchstrand reiht sich an den anderen. Die Farbkompositionen lassen jedes Fotografenherz höher schlagen. Erdigrot leuchtet der Stein, weißgold der Sand, grün das flache Wasser, azurblau das tiefere. Bis ans Meer reicht die selbst im Hochsommer sattgrüne Vegetation aus Schirmpinien, wilden Feigen und Gebüsch. Zweihundert Meter dahinter gedeihen schon Orangenbäume.

An durchschnittlich 300 Tagen im Jahr scheint hier die Sonne – damit ist diese Region die vom Klima am meisten verwöhnte in ganz Europa. Das Meer sorgt zu jeder Jahreszeit für eine milde Brise, im Sommer wird es nicht zu heiß, und im Winter ist es niemals frostig. Klar, dass ein solches Klima von sich reden macht: Seit gut und gerne dreißig Jahren zählt die Algarve zu den beliebtesten Ferienzielen des Kontinents. Das führte dazu, dass viele Ferienanlagen und Hotelkomplexe gebaut wurden. Sie ließen den Küstenstrich zu einer hochmodernen Region samt Autobahnen und Supermärkten und einer komplexen Infrastruktur werden. Manch verschlafenes Fischerdorf verwandelte sich durch diesen Prozess in eine pulsierende Stadt.

Die Costa Vicentina der Südküste

In Flora und Fauna sind sich die *Costa Vicentina* der Westküste und ihre Fortsetzung an der Südküste zwischen Sagres und Burgau ähnlich. Das gilt auch für die Menschen, die hier leben: Der äußerste Teil des Barlavento ist sehr dünn besiedelt. Nur wenige kleine Dörfer finden sich in Ufernähe. Talsenken und flache Hügel gestalten die Landschaft angenehm wellig. Hier lässt es sich auf schmalen Sträßchen und Wegen geruhsam wandern oder radeln. Unwillkürlich fängt der schier paradiesische Friede am Ende Europas den Besucher ein. Die herrlichen Sandstrände sind teils mit rund gewaschenen Felsen besprenkelt, so zum Beispiel *Praia da Ingrina*, *Zavial* oder *Figueira*. Oben am Klippenrand führt ein Wanderpfad entlang, der unvergessliche Ausblicke auf diese von Menschenhand noch weitgehend unberührte Natur ermöglicht.

Geradezu dramatisch liegt die Ruine der Burg *Almádena* oberhalb vom kleinen, von Römern angelegten Hafen *Boca do Rio*. Diese zerstörte der Freibeuter Francis Drake ebenso wie alle anderen Burgen der Umgebung im Namen der englischen Krone – und zugunsten des eigenen Geldbeutels. Alles andere in diesem Gebiet machte das Erdbeben anno 1755 dem Erdboden gleich. In Sagres und in Vila do Bispo fielen ihm sämtliche Häuser und Windmühlen zum Opfer. Karg wie der Landstrich ist, war er doch einer der getreidereichsten der Algarve.

Perle Lagos

Schon die Phönizier und die Karthager nutzten die weite Bucht von Lagos als Ankerplatz. Von der *Ponta da Piedade* bis zur *Ponta do Altar* an der Mündung des Rio Arade reicht die in gleichmäßigem Bogen verlaufende Bucht. Sie erstreckt sich immerhin über zwölf Kilometer. Eine abenteuerliche Ansammlung von bis 25 Meter hohen Sandsteingebilden ist die Ponta da Piedade: Türme, Tore und Tempel ragen aus dem Wasser, Wellen umspülen ihre Felsfüße. Dazwischen drängen sich kleine Strände, wie die *Praia do Camillo*, die man über eine steile Treppe erreicht. Steigt man gleich neben dem Leuchtturm der Ponta nach unten, scheint man in eine »Unterwelt« einzudringen. Das Plätschern des Wassers hallt wie verwunschene Musik, merkwürdige Gebilde wirken wie versteinerte Wesen. Zwischen den Felsen dümpeln bunte Fischerboote, darin sitzen Touristen, die gucken und staunen.

Bilder wie aus einer Traumlandschaft – an der Felsalgarve reihen sich solche Szenen in einer schier unendlichen Kette aneinander. Im Bild die Praia de Vau bei Portimão.

Lagos gilt bei Einheimischen, bei vielen Besuchern und natürlich den hier wohnenden ausländischen Residenten als »Perle der Algarve«.

Oben am Klippenrand kann man in etwa einer Stunde von der Ponta bis nach Lagos wandern und weitere wunderschöne Strände und bizarre Felsformationen bewundern. Im Landesinneren erhebt sich violettfarben das Küstengebirge Serra de Monchique. Lagos erreicht man während dieser Wanderung am Forte Ponta da Bandeira. Diese Hafenburg wurde zur Abwehr von Piraten gebaut, dennoch konnte sie der englische Freibeuter Francis Drake erobern.

Gleich hinter der Burg beginnt die gut erhaltene, ursprünglich maurische Stadtmauer, die einst der Kalif von Cordova in Auftrag gegeben hatte. Sie umschließt die historische Innenstadt fast komplett. Unter der Regentschaft des Infanten Henrique wurde sie verstärkt, galt es doch, die beiden wichtigsten Staatsgeheimnisse zu sichern: Das Wissen rund um die Navigation sowie den Bau des besten Segelschiffs der Zeit, die Karavelle. Diese wurde hier gebaut: Die hölzernen Gerippe wurden am Strand zusammengesetzt. War der Rumpf fertig, wurde er zu Wasser gelassen und einige dutzend Männer arbeiteten auf dem im Buchtwasser dümpelnden Gefährt weiter. Man kann sich gut vorstellen, wie da gehämmert und gesägt wurde, gesungen und geschrien.

Metropole dank des Menschenhandels

König Sebastião ernannte Lagos anno 1578 zur Hauptstadt der Provinz Algarve. Das war just bevor er mit einer Armada von Segelschiffen in den verhängnisvollen Krieg gegen die Mauren in Marokko zog. Lagos blieb Provinz-Metropole bis 1755, bis zum grauenvollen Erdbeben, welches ganz Südportugal zerstörte. Was nach dem Beben noch stand, riss kurz darauf eine acht Meter hohe Springflut nieder, ausgelöst im Epizentrum südlich von Sagres.

Der Infant Henrique brachte nicht nur Lagos, sondern die Provinz Algarve, ja, die ganze Nation wieder auf die Beine. Wenn man von dieser Goldenen Epoche spricht, muss man aber auch einer viel weniger rühmlichen Tatsache ins Auge sehen: Im Jahr 1444 begann der Sklavenhandel. In Lagos. Das Handelsgebäude am Platz *Praça Infante Dom Henrique* ist zwar jüngeren Datums, aber es macht deutlich, welch grausames Treiben

In der Altstadt von Lagos: Die Bäume beginnen zu blühen.

Oben: Das Standbild stellt Trauriges dar: Der jugendliche König Sebastian stach von Lagos aus mit über 20 000 Mann in See und verlor seinen Feldzug. Keiner kehrte zurück. Die Folge: Spanien nahm Portugal ein.

Links: Die kleine Kapelle in der Hafenburg von Lagos ist ein wahres Schmuckstück.

hier vor sich ging. Der Geschichtsschreiber Azurara beschreibt die Szenen in bewegenden Worten – afrikanische Familien wurden auseinander gerissen, Kinder weinten um ihre Eltern, Mütter um ihre Kinder. Anfangs waren die Sklaven noch »Mitbringsel« der Kapitäne aus Afrika: Die Seeleute strichen damit einen guten Nebenverdienst ein. Daraus entwickelte sich allmählich ein professionell organisierter, brutal betriebener Handel. Um 1480 waren es etwa 2000 Sklaven pro Jahr, welche die nach schnell verdientem Geld gierenden Seefahrer über die Kapverdischen Inseln nach Portugal verschleppten. Im Rahmen der fortschreitenden Besiedlung der »Westindischen Inseln« und mit dem Verkauf von Schwarzafrikanern in die »Neue Welt« wurde daraus ein Riesengeschäft, aus dem einige europäische Länder hohe Gewinne schöpften – allen voran Holland und England. Der Handel nahm bald riesige Ausmaße an, damit auch der Profit, den Versicherungsgesellschaften mit dem Transport der Ware Mensch machten. Darunter waren auch einige heute noch namhafte Firmen.

Die zwangsweise Umsiedlung von Sklaven in die Karibik und nach Nord- und Südamerika ging mit dem Abschlachten von Millionen einheimischer Menschen einher. Schon Kolumbus hatte die Menschen der Neuen Welt als ungeeignet für harte Arbeit bezeichnet. Den systematischen Völkermord an etwa 120 000 Menschen allein auf der Insel Hispaniola (die sich heute Haiti und die Dominikanische Republik teilen) hatte der Entdecker persönlich zu verantworten. Das sind Tatsachen, die gerne verschwiegen werden, wenn es um die Heldentaten im Zuge der der Entdeckung Amerikas geht. Insgesamt wurden bis in das 19. Jahrhundert an die 25 Millionen Afrikaner in die »Neue Welt« verschleppt.

Blick von der Hafenburg in Lagos auf die Mole

Ins Meer wie ins Weltall – Atlantis vor Augen

Jedenfalls fing nun die Neuzeit in Lagos an. Von hier aus fuhren die Karavellen in den oft dunklen, stürmischen Atlantik hinaus, hierher kehrten sie zurück. Vergleichen kann man diesen Aufbruch in unbekannte Welten nur mit dem Vordringen des Menschen ins Weltall. Mit Infant Henrique begann diese einzigartige »Cape-Canaveral-Stellung« der Stadt Lagos. Doch nach seinem Tod im Jahr 1460 zog der Königshof die Kapitäne nach Lissabon ab – die Hauptstadt des Landes wurde nun auch zur Hauptstadt der seefahrenden Weltentdecker. Trotzdem blieb Lagos eine bedeutende Sta-

Linke Seite: Die Badebucht Meia Praia bei Lagos

Alvor war einst ein bettelarmes Fischernest, heute ist es ein attraktiver Küstenort.

tion für Segelschiffe auf dem Weg ins Mittelmeer, nach Afrika und Asien.

Nach dem Erdbeben wurde Lagos neu erbaut. Von dieser Bausubstanz blieb viel erhalten, so dass es sich heute als authentische Stadt des 18. Jahrhunderts präsentiert. Einige Häuser sind mit Kacheln *(Azulejos)* verkleidet. Charmant wirkt Lagos, lässig. Es hat seine ganz eigene Atmosphäre, ist weder mediterran noch herb, kühl und atlantisch, sondern erinnert eher daran, dass seinerzeit die Kapitäne des Infanten Henrique mit dem Auftrag lossegelten, Atlantis zu finden! Immerhin entdeckten sie die Azoren – die schon fast auf halber Strecke zwischen der Alten und der Neuen Welt liegen.

Ein Bummel durch die Geschichte

Auf Kopfsteinpflastergassen lässt es sich gemächlich durch Lagos bummeln. Bald wird man feststellen, dass in diesem Städtchen das wahre Leben pulsiert, nicht nur das touristische. In vielen Läden – einige haben noch die Inneneinrichtung der 1940er- oder 1950er-Jahre – kaufen die Einheimischen ein, es gibt urige Tascas (Tavernen), Handwerker arbeiten in kleinen Werkstätten, oft stehen die Türen offen und erlauben interessante Einblicke in das Alltagsleben. Während des Bummels kann man diverse Kirchen besichtigen, wie zum Beispiel die Igreja São Sebastião oder Igreja da Misericordia, und irgendwann stößt man unweigerlich auf den zentralen Platz Praça Gil Eanes.

Erfrischend ist ein Spaziergang längs der *Avenida dos Descobrimentos*, die parallel zum Hafenkanal bis zur *Marina* verläuft. 1995 wurde dieser Yachthafen eröffnet und erfreut sich seither unter den Seglern immer größerer Beliebtheit. Jenseits des Kanals beginnt die *Meia Praia*, ein kilometerlanger Strand vor einem hügeligen Pinienwald. An seinem Ende schmiegt sich ein Golfplatz in die Landschaft, der an das Naturschutzgebiet des Hafflands der Ria de Alvor, angrenzt. Noch ist ungewiss, ob hier Wald und Strand einem riesigen Bauprojekt weichen müssen.

Von Alvor zum Rio Arade

Anders als manch andere Orte, die sich dem Tourismus ganz preisgegeben haben, hat sich das Städtchen Alvor seinen eigenen Charakter bewahrt. Zwar reihen sich auch hier Bars und Restaurants aneinander, aber trotzdem weht von der Lagune der Ria de Alvor ein anderer Wind her. Zweimal täglich bei Ebbe verwandelt sich die blaue Wasserfläche in einen goldgelben Sandstrand, auf dem Einheimische nach Muscheln suchen, *concilhas* und *berbigões*. Wer sich diese Mühe nicht machen will, kann sich diese Leckereien in den Kneipen unten am alten Fischmarkt gönnen; dazu ein Bierchen oder ein *vinho verde* (»Grüner Wein«, alkoholarm und spritzig) und der köstliche *petisco* (Snack) ist perfekt.

Zwischen Alvor und der Mündung des Rio Arade finden sich besonders schöne Strände, wie *Praia dos Irmões* oder *Praia do Vau*. An der Praia da Rocha, einem der bekanntesten und meist frequentierten Strände der Algarve, endet diese Strandkette an der Hafenburg *Santa Catarina*, die von einer Felsnase aufragt. Unten breitet sich die Mündung des Rio Arade aus. Auf der anderen Seite markiert ein Leuchtfeuer an der Ponta do Altar die Einfahrt in den zwei Kilometer landeinwärts gelegenen Fischerhafen von *Portimão*. Unterhalb der Hafenburg gibt es neuerdings auch einen Yachthafen (Marina) und einen Kai für Kreuzfahrtschiffe, die immer häufiger die Algarve ansteuern.

Maurisches Feuer

Schon vor tausend Jahren hatten die Mauren einen Leuchtturm an der Ponta do Altar. Freilich einen »natürlichen«, der auch einem anderen Zweck diente: Traf ein Schiff ein, so wurden Rauchzeichen in den Himmel geschickt. Diese dienten weniger dazu, die Schiffe in

Als wollten sie sich ausruhen, so liegen viele Fischerboote am Strand der Ria de Alvor.

den Hafen zu leiten, sondern vielmehr dazu, die Bewohner im Landesinneren, die keine Sicht auf die Küste hatten, über das eintreffende Schiff zu informieren. Oben, im Küstengebirge der Serra de Monchique, wurden in einer speziell zu diesem Zweck bei *Alferce* erbauten Burg die Zeichen gesichtet und nachgemacht. So wurden sie nach Silves, der Metropole der Mauren, 15 Kilometer ins Landesinnere geleitet.

Trubel und Treiben in Portimão

Portimão ist in puncto Einkaufen die Hauptstadt des Barlavento. Hier gibt es hunderte von Geschäften, Juwelieren, Boutiquen und Handy-Shops. Auch ungewöhnlichere Dinge wie zum Beispiel Hochzeitskleider, spezielle Ersatzteile fürs Auto oder orthopädische Schuhe finden sich hier. Einigen Besuchern ist der Trubel in dieser Stadt zu viel, aber Portimão hat seinen ureigenen, etwas herben Charme, dem auch der Tourismus nichts anhaben kann. Kein Wunder also, dass diese Cidade (Großstadt) immer mehr Freunde findet, auch wenn ihr Umland planlos bebaut wirkt. Da gibt es Supermärkte und Handelsfirmen, leere Häuser oder halb fertige – aber das ist doch typisch für eine Hafenstadt.

In den 1950er-Jahren entdeckten sonnenhungrige Engländer die portugiesische Insel Madeira als klimatisch günstiges Ferienziel. Dann kam *Praia da Rocha*, ein Vorort von Portimão, an die Reihe. Die britischen Feriengäste und bald auch einige reiche portugiesische Familien bauten sich hübsche Villen oben am Klippenrand. Von dort hatten sie eine beeindruckende Sicht auf die Küstenlandschaft. Aber nur wenige von diesen hübschen Häusern stehen heute noch – in den 1980er- und 1990er-Jahren mussten sie großen Hotelbauten weichen. Die wenigen, die überdauerten, zeugen also heute vom Beginn des Tourismus in der Algarve. Diktator Salazar wollte damals mit dem Fremdenverkehr wertvolle Devisen einholen. In *Peninha*, keine vier Kilometer von Portimão entfernt, ließ er den ersten Golfplatz bauen. 300 000 Bäume wurden gepflanzt, um das Areal zu verschönern. Diese Maßnahme setzte eine unaufhaltsame Entwicklung in Richtung Hotels und Golf in Gang. Übrigens war Peninha Austragungsort des Golf-Cups »Portugal Open« im Jahr 2004.

Auf zum anderen Ufer

Am anderen Ufer des Arade-Flusses gelangt man zum idyllisch gelegenen Dorf Ferragudo. Es schmiegt sich an einen Uferhügel, den Gassen und Treppen kreuz und quer durchziehen. Am Kai locken einige hervorragende Fischrestaurants. Vor allem sonntags ist Hochbetrieb. Etliche Hochseeyachten legen hier an – sehen und gesehen werden heißt es da, und dazu gibt es kulinarische Leckerbissen. Es herrscht indes nicht jene eitle Stimmung wie an der Côte d´Azur, alles bleibt lässig, gemütlich, portugiesisch eben. Ein Stück weiter, den Rio flussabwärts, erhebt sich eine Hügelkuppe aus dem weiten Strand. Diese ziert ein italienisch anmutendes Schlösschen namens *São Jorge*, das einst eine Hafenburg war. Im Abendlicht leuchtet sie auf und verzaubert die gesamte Umgebung. Geht man weiter zum Landende, erreicht man einen kleinen Leuchtturm, der die Hafeneinfahrt der *Ponta do Altar* markiert und gleichzeitig das östliche Ende der Lagos-Bucht darstellt.

Der anschließende Landstrich, der sich bis zum ehemaligen Fischernest *Carvoeiro* erstreckt, bietet zahlreiche typische Ansichten der Fels-Algarve, die direkt dem

Atemberaubende Praia da Rocha: Eine schönere Kulisse für den Strandspaziergang ist kaum vorstellbar.

Links: Elegante Brückenkonstruktion über den Rio Arade bei Portimão

Unten: Am Hafen Cais de Sardinhas in Portimão

Rechts: Die neue Marina (Jachthafen) von Portimão lockt Boote aus aller Welt an.

Bilderbuch zu entstammen scheinen: Kleine Strandbuchten drängen sich zwischen skurrilen Felsformationen. Wer mit dem Boot anlegt, findet hier und da einen Ministrand für sich allein oder für zwei oder drei …

Landschaften wie gemalt

Hinter Carvoeiro zieht sich die Felsenküste weiter. Viele herrlich schöne Flecken findet der Suchende, und sie hier beim Namen zu nennen, würde den Entdecker um den Ertrag seiner Mühe bringen …

Ein gutes Stück hinter dem Klippenrand breiten sich einige Villendörfer aus, die sich harmonisch in die Natur einfügen. Anderen Orten ist das leider weniger gut gelungen. Ein wahres Juwel an der Küste aber ist die Pilgerkapelle *Nossa Senhora da Rocha*: Der Bau aus dem 16. Jahrhundert duckt sich an einen Felsenvorsprung, wo er den strengen Winterwinden trotzt. Links wie rechts blickt man vom Klippenrand auf herrliche Strände hinab, die übrigens durch einen Tunnel unterhalb des Kapellenfelsens miteinander verbunden sind.

Alte Zentren

Sicher vor Piraten, Pest und den Plagen der Unwetter lagen die historisch bedeutsamen Städte stets ein paar Kilometer landein. Ihre Bedeutung als Handels- und Verwaltungszentren haben sie nicht verloren, auch findet man hier wichtige Restbestände alter Architektur. Diese Orte haben viel von ihrem Charakter beibehalten – beispielhaft sei das ursprünglich maurische Bensafrim zu erwähnen. Ganz in der Nähe findet sich der idyllisch in einem hügeligen Waldgebiet gelegene und weit verzweigte Stausee *Barragem da Bravura*. Odiáxere und Mexilhoeiro Grande nördlich von Lagos sind ebenfalls ursprüngliche Orte, so wie auch Estômbar bei Portimão. Hier wurden in einem Meereszufluss römische Ausgrabungen gefunden und der Öffentlichkeit zugänglich gemacht. Lagoa hat eine nette Markthalle neben einigen herrschaftlichen Gebäuden aus dem 18. Jahrhundert. In Porches wird in einigen Werkstätten die Azulejo-Kunst – das Kachelmalen – gepflegt. Alcantarilha fällt mit seinen Gassen und Plätzen auf, auch mit einer Kapelle, die rundum mit menschlichen Gebeinen ausgekleidet ist.

Diese historischen Orte verbindet der »Algarve-Highway« N125, der bis zur Eröffnung der Autobahn »Via do Infante« im Jahr 2003 chronisch verstopft war. Zusammen bilden diese beiden Straßen eine Grenze zwischen Küstenstrich und Hinterland. Dahinter wird die Besiedlung wesentlich dünner – das Hinterland der Algarve breitet sich hier in stiller Schönheit aus.

Neue Hotelbauten

Doch zurück an die Küste. Bei *Armação da Pêra,* zwischen Albufeira und Carvoeiro, erreichen die Hotelkomplexe monumentale Größen. Noch heute baut man

Im Fischerhafen wird der Fang abgepackt und gewogen, dann versteigert.

Sardinen, nichts als Sardinen am Cais de Sardinhas

Immer auf Futtersuche sind die Möwen.

Unten: Die Felsformationen bei Algar Seco sind vom Boot wie vom Fels aus einfach grandios.

Linke Seite: Traumhaft schön gelegen ist Carvoeiro.

Die neue Marina in Albufeira ist überaus farbenfroh.

hier Apartmentblocks und Hotelhochhäuser, die eigentlich jedem Betrachter ein Dorn im Auge sind. Jedoch: Der Strand ist an die fünf Kilometer lang und auch bei Flut noch sehr breit, und die Planer versuchen, alles so familienfreundlich wie möglich zu gestalten. Wassersport wird groß geschrieben, das Nachtleben nicht weniger: Armação hat sich in den letzten Jahren zu einem der meistfrequentierten Tourismus-Zentren in ganz Portugal entwickelt.

Hinter *Armação* beginnt ein idyllisches Dünenland mit interessanter Vegetation aus weit ausladenden Büschen. Der Strand besteht aus weißlich gelbem, feinkörnigem Sand. Zur *Praia da Galé* hin betupfen wieder Felsen den Strand – auch hier sind Grotten, Türme, Stumpen zu finden.

Wo der Tourismus pulsiert

Die dicht bebauten Hügel landeinwärts lassen keine Zweifel aufkommen: Albufeira ist in Sichtweite. In den letzten zwanzig Jahren hat sich das ehemals beschauliche und einsame Fischerdorf in eine Hochburg des Tourismus verwandelt. Leben »normalerweise« etwa 45 000 Menschen in der Stadt, so tummeln sich hier im Hochsommer über 300 000. In den Gassen beim *Cais Herculano* wird es dann eng und laut, das Leben pulsiert schnell, in den Restaurants, Bars und Clubs ebenso.

Rechte Seite: Die Fels-Algarve in Vollendung: Typische Küstenansicht bei Albufeira

Ferragudo hat sich viele sympathische Seiten erhalten. Die ständige Nähe der vielen Fischer und ihrer Boote trägt ihren Teil dazu bei.

Gemütliche Rast: Hier ticken die Uhren viel langamer.

Amphitheater Albufeira: Gemütliche Tage, heisse Nächte

Diese Ortsansicht von Albufeira ist jedem Algarve-Besucher von Postkarten her bekannt: Bunte Fischerboote am Strand vor dem Restaurant »Ruina«, eine ehemalige Zisterne, und dahinter verwinkelte weiße Häuser, die, einem Amphitheater gleich, übereinander zu stehen scheinen. Oben ragen die Ruinen einer ursprünglich maurischen Festung auf, und in den Gassen innerhalb der alten Oberstadt grillen Einheimische frisch gefangene Sardinen, der herbe Duft von Fisch und Feuer liegt in der Luft. Dieses Heimelige gibt es noch heute und es verleiht Albufeira seine unnachahmliche Atmosphäre, die viele Touristen so sehr lieben.

Die Discos in Albufeira zählen zu den besten auf der Iberischen Halbinsel. Im Sommer zieht es den Jet-Set aus Lissabon, Porto, Sevilla und Madrid zum »Strip« im Vorort *Montechoro*. Zum Frühstück trifft man sich am späten Nachmittag, denn in den Clubs geht es erst ab drei Uhr morgens so richtig heiß her – die Nächte sind lang in diesen Tanztempeln. Und seit neuestem hat Albufeira auch seine eigene Marina. Diesen Yachthafen rang man dem Land ab, indem Unmengen von Erdreich abgetragen wurden, bis Meerwasserzulauf, Bootsanlegestellen sowie Apartments und Häuser genügend Platz fanden.

Dramatisches Naturschauspiel am Ende des Barlavento

Hinter Albufeira beginnt die *Praia da Falésia*. Im späten Sonnenlicht wird diese kilometerlange Klippenwand aus fest verbackenem, aber doch bröckeligem rotem Sand jeden Tag aufs Neues zu einem Glutstreifen. Etliche Einschnitte bilden natürliche Zufahrten und Zugänge. Eng wird es bei Flut, denn dann schrumpft der Strand mitunter auf wenige Meter Breite zusammen. Kurz vor *Vilamoura* läuft die *Falésia* aus, flach wird die Umgebung, landeinwärts breiten sich weite sattgrüne Wälder und Schirmpinien aus. Hier beginnt der Sotavento, die Sand-Algarve, wo fast alles sehr viel ruhiger zugeht – doch etwas Ruhe kann der Besucher nach den aufregenden Tagen und Nächten in Albufeira brauchen.

In der Altstadt von Lagos sorgen zahllose Bars und Cafés für gute Stimmung. Immer geht es aber gelassen zu.

Ferragudo: Zum Plausch trifft man sich im Café.

Die uralten Bauten der Algarve, sei es in Lagos, Ferragudo oder Albufeira, sorgen stets für eine geradezu einzigartige Atmosphäre.

Beim Bummel durch Albufeira faszinieren die dekorativen Muster im Kopfsteinpflaster.

Die fünf schönsten Erlebnisse im Barlavento

Bummel durch Lagos
Hier finden sich an der *Praça Infante Dom Henrique* nicht nur der Sklavenmarkt, die Stadtmauer sowie das Denkmal für Prinz Heinrich den Seefahrer (mit Hut und Trauerblick), sondern auch die Kapelle *Santo António*. 1769 restauriert, ist sie ein Herzstück barocker Pracht. Vergoldete Schnitzereien und blau-weiße Azulejos vom Feinsten.

Picknick an der Ponta da Piedade
Gleich hinter dem Leuchtturm genießt man einen einzigartigen Panoramablick auf zwei Küstenteile: Zum Westen hin bis Sagres, zum Osten hin bis Carvoeiro.

Zoomarine in Guia
Im Zentrum des Barlavento, in Guia bei Albufeira befindet sich diese Riesenattraktion. Delfine tanzen auf dem Wasser, See-hunde treten im Wildwestdrama auf, Papageien lenken Motorräder – man kommt aus dem Staunen nicht heraus. Für Familien unbedingt ein Muss!

Faszinierende Felsenformation Algar Seco
Beim Wandern von Carvoeiro aus gelangt man zunächst zur Felsenformation Algar Seco. Von hier aus geht es weiter am Klippenrand bis zum Leuchtturm von Benagil. Unterwegs gewinnt man grandiose Eindrücke vom Zusammenspiel der Kräfte, die diese Naturschauspiele in Felsen und Klippen erzeugt haben. Auf Portugiesisch sagt man »Bestial!« »Toll!«

Wandern um die Ria de Alvor
Rund um die Ria de Alvor führt ein Wanderweg. Vogelbeobachter kommen hier ganz und gar auf ihre Kosten. Man begegnet kaum anderen Menschen, erlebt die Wasserwelt, aber auch die umliegenden Plantagen mit Feigen- und Olivenbäumen.

Diese Amphoren am Strand dienen nicht als Dekoration. Darin werden vielmehr Tintenfische gefangen.

Die Westküste

Wild und dramatisch

Die über 50 Kilometer lange Westküste der Algarve ist Teil des Naturparks Costa Vicentina, der sich bis Sines südlich von Lissabon erstreckt. Benannt ist die Costa nach dem Kap São Vicente, Europas südwestlichstem Punkt. Hier bildet die Küstenlinie einen Bogen und verläuft in Richtung Spanien. Hinter der Uferzone des Westens mäandern sattgrüne Täler mit kleinen, im Sommer oft ausgetrockneten Flüsschen durch ein bewaldetes Hügelland, das vom Atlantischen Ozean hinauf zur Serra de Monchique auf über 900 Meter Höhe steigt. Die Täler münden in von Dünen gesäumten Lagunen, dahinter ragen steile Klippen auf. Meer und Festland sind hier im beständigen Widerstreit. Die Gischt schäumt bisweilen höher auf als die Klippen, salzige Schwaden hüllen das Ufer ein. Selbst sonst nüchterne Menschen verfallen beim Anblick dieser wilden Küste – für viele gilt sie als die schönste Europas – ins Schwärmen.

Kreuzritter eroberten im 13. Jahrhundert die maurische Burg von Aljezur.

Nicht nur das Grandiose packt den Besucher und lässt ihn nicht mehr los. Auch die Stille nimmt ihn gefangen, die vom Wind zerzauste Vegetation und die Wolken, die sich in pastellenen Farbtönen im Wasser spiegeln. Die Landschaft hier hat etwas ganz Besonderes, man muss sich nur darauf einlassen: Es lockt das Weiche, Hand in Hand geht es mit dem Wilden und Schroffen. Nur wer die Augen weit öffnet, nur wer die Fingerkuppen über das raue Felsgestein streichen lässt, nur wer den herben Duft des wilden Thymians atmet, nur wer den ewigen Rhythmus der Wellen – der Zeitlosigkeit – spürt, kann diese grandiose Natur richtig auf sich wirken lassen.

Aljezur – vom Bauboom verschont

Überall auf der Welt stehen menschliche Ansiedlungen im Konflikt mit der unberührten Natur. Dass dies nicht so sein muss, wird in Aljezur deutlich. Das Schmuckstück dieses stillen Städtchens, welches das Zentrum eines Landkreises ist, stellt eine im zehnten Jahrhundert von den Mauren erbaute Burg dar. Anno 1249 wurde sie von Kreuzrittern eingenommen. Bis vor etwa zwei Jahrzehnten galten Aljezur und sein Umland als Armenhaus der Algarve. Das hat sich geändert. Der blinden Bauwut, die in den Nachbarkreisen herrscht, hinkt es freilich hinterher. Verglichen etwa mit Lagos gibt es kaum neue Straßen. Keine prunkvollen Ferienanlagen oder modernen Einkaufsmärkte werden hochgezogen. Dafür pflügen einige Bauern ihre Felder noch mit Eseln und Mulis. Verwegen dreinschauende Burschen bieten am Marktplatz Fische an, die sie kurz vorher von den Klippen aus geangelt haben. Daneben kauert vielleicht ein Kaninchen im Käfig, oder ein Bauer bietet frisch geschleuderten Honig feil. Oder sein Nachbar preist mit dünner Stimme Süßkartoffeln an, die *batata doce.* Sie sind die Spezialität von Aljezur. Nirgendwo wachsen sie so honigartig süß heran wie in diesem Gebiet.

Auswanderträume werden wahr

Unter den 5500 Bewohnern des Landkreises Aljezur finden sich auch etliche hundert ausländische. Pro Quadratkilometer leben also gerade mal 16,5 Personen. Viele sind politisch links angehaucht, andere esoterisch, einige der Kunst verfallen oder dem Yoga und anderen fernöstlichen Lehren. So spürt man bei einem Besuch der Region einen »anderen Wind«; eben nicht nur den rauen des Atlantiks, sondern auch den milden Hauch

Aljezur, ein uraltes Städtchen, ist das Zentrum der Costa Vicentina.

In den 1930er-Jahren verquickte man die neue Bautechnik mit alter Handwerkskunst.

Liebevolle Details in einer Region, die bis vor 30 Jahren als ärmste Portugals galt: Schlicht, aber von einer wunderbaren Harmonie geprägt ist der Torbogen in Aljezur.

Sie macht den Besucher sprachlos und nimmt ihm den Atem, die wilde Natur der Costa Vicentina.

der Seele. Liegt es an der phantastischen Natur? »Angesichts dieser gischtenden Wellen, dieser majestätischen Klippenwände, dieser gigantischen Sonnenuntergänge komme ich mir vor wie pures Nichts, vielleicht wie ein Atom im All …« So hat es eine junge Frau auf einer Postkarte notiert, als sie das erste Mal bei Arrifana auf den Klippen saß. Allzu romantisch? Wer einmal hier war, kann solche Gefühle – oder sind es gar Erkenntnisse? – sicher nachvollziehen.

Die Costa Vicentina zu Fuss erleben

Der wichtigste Rat zum Erkunden der *Costa Vicentina* lautet: Suchen Sie einen günstigen Ausgangspunkt und lassen Sie dann das Auto stehen. Erst beim Wandern oder Radfahren erlebt man die sensiblen Bereiche der Natur hautnah. Dann werden auch Vogelbeobachter für ihre Geduld belohnt – mehr als 200 Arten gibt es hier zu entdecken, 26 davon allein in Klippenrevieren. Jedes Jahr machen an die 20 schwarze Störche Station und reparieren ihre Nester aus dem Vorjahr, die auf wellenumtosten Felsnadeln thronen. Weißstörche gibt es hier gar zu hunderten. Und wer Orchideen oder andere, unscheinbar wirkende Pflanzen in ihrem Küstenbiotop bewundern oder wilde Kräuter fotografieren will, wird schnell fündig werden: Nahezu jeder Quadratmeter entpuppt sich als ein Wundergarten mit vielen, oft winzig

Rechte Seite: Wo die ungezähmte Kraft der Natur waltet, entstehen bizarre Felsruinen und Klippenwände – Bunheira bei Rogil.

Einige Strände der Westküste, wie hier bei Sagres, zählen zu den besten Surfrevieren Europas.

kleinen und sehr bunten Geheimnissen. Insgesamt kann man an der Costa Vicentina 750 Pflanzenarten zählen, 50 davon kommen nur in Portugal vor, sind also endemisch.

Ein traumhafter Wanderweg

Einer der schönsten Wanderpfade Europas ist fraglos der *Trilho Costa Vicentina*. Mal direkt am Klippenrand entlang, mal hinter verträumte Lagunen oder durch

An der Praia Martinhal bei Sagres sorgen der Küste vorgelagerte Inseln für nahezu wellenloses Wasser selbst bei starken Böen.

Rechte Seite: Auch für Kinder ein Badeparadies ist die Praia de Odeceixe.

Ab und zu kann man den Leuchtturm am Kap São Vicente besteigen und die Lichtanlage bewundern, deren Lichtsignale die modernen Supertanker vor einem der wildesten Kaps der Alten Welt warnt.

sandige Dünengebiete – stets verläuft er in Ufernähe. Der Wanderer muss rauf und runter steigen, oft auch wegen der steilen Talkerben ein ganzes Stück landein gehen, dann wieder zur See hin gehen (oder radeln, denn auch für Radfahrer ist der Trilho geeignet). Oft wehen steife Brisen. Sie geben uns das Gefühl, wir steigen einen steilen Berg hinauf. Den wenigen geduckten und zerzausten Bäumen sieht man leicht an, aus welcher Richtung der Wind die meiste Zeit weht: aus dem Westen und seinen beiden Varianten. Gute Kleidung und feste Schuhe sind unabdingbar – nur so gelangt man zu den versteckten Stränden, den Perlen der langen Klippenkette.

Einsame Storchennester

Bei der *Praia de Odeceixe* beginnt der Pfad in Richtung Süden und führt bald in eine von gewaltigen Dünen geprägte Landschaft, die bis zu den Steilklippen reicht. Schon sieht man auch die ersten Storchennester auf den Felsnadeln. Unten umspülen die Wellen den Fels, die Gischt spritzt bisweilen bis in die Nester hinein, aber die Tiere halten durch, sie kommen jedes Jahr zurück zu ihrem »Stammplatz«. Bei Samouqueira erreicht der Weg eine archäologische interessante Stätte, ein Hünengrab. Schließlich gelangt man bis zur *Praia da Amoreira*. Die Lagune am Südrand dieses Strandes kann man durchwaten und auf der anderen Seite weiter bis zum Fischerdorf *Arrifana* wandern, längs einer imponierenden Formation von braunrötlichen bis schwarzen Klippen. Arrifana schmiegt sich an eine halbmondförmige, weite Bucht. Ein wunderbarer Sandstrand schenkt ihr eine weißgoldene Bordüre. Für Windsurfer gilt sie als eines der aufregendsten Reviere Europas, laufen doch die Wellen extrem lange aus und erlauben Wellenritte der Meisterklasse.

Im Paradies der Windsurfer

Auch wenige Kilometer weiter südlich schlägt das Surferherz bei diesem Namen höher: *Carrapateira*. Hier breitet sich zwischen den Dünen eine blaue Lagune aus, schier endlos erscheint der Strand, an dessen Südseite Klippen aufsteigen und den Wellen trotzen. Unermüdlich rollen sie gegen den Kontinent an, steigen auf, kippen über, lassen den Erdboden selbst einen halben Kilometer landein noch beben. Unermüdlich sind auch die Männer, die bei Wind und Wetter oben am Klippenrand oder gar in Felsnischen stehen und angeln.

Jeden Winter reißt die Brandung einige von ihnen in den Tod, aber die Angler lassen sich ihre fanatische Leidenschaft nicht nehmen. Über eine holprige Piste gelangt man zur etwa vier Kilometer weiter südlich gelegenen *Praia do Amado*. In diesem Revier der Superlative finden jedes Jahr World-Cup-Wettbewerbe für Wellensurfer statt.

Weiter führt der Küstenpfad, und immer wieder hat man das Ziel vor Augen: Das Kap São Vicente. Wie eine Fatamorgana ragt es an manchen Tagen aus den Dunstschwaden, welche die bis zu 150 Meter hoch zischende Gischt erzeugt. Herrliche Strände, wie *Praia da Figueira* oder *Praia do Castelejo* liegen am Weg zum Kap. Beim Torre de Aspa erreicht man die mit 162 Metern höchste Erhebung am Küstenstrich. Ganz in der Nähe fasziniert der Ausblick auf die *Praia da Ponte de Ruiva*, wo flache Felsen (übrigens ideal zum Sammeln von Miesmuscheln) ins Meer ragen, als wollten sie das Land vor den wilden Wellen schützen. Kleine Inseln reihen sich aneinander, zerklüftete Ruinen, von brandenden Wellen umschäumt. Man kommt aus dem Staunen ob der geradezu brutalen Schönheit nicht heraus.

Ein heiliger Platz

Sei es ein windiger, ein sonniger oder verregneter Tag, sei es neblig oder die Luft vom Sprühen der Riesenwellen durchpeitscht – der magischen Atmosphäre des Cabo São Vicente und seiner Umgebung kann man sich nicht entziehen. Die Region beginnt als eine vom Wind zerzauste, mehrere Kilometer lange Landzunge und endet jäh am Kap: 75 Meter hohe Klippen umgürten eine Felsnase und lassen sie zu einer uneinnehmbaren Festung werden. Unten brüllt das Meer, es nagt und rüttelt das Wasser am Fels. Mächtige Steinblöcke und vorgelagerte Inselreste zeugen davon, dass das Wasser stets Sieger bleibt. Dieser Eindruck drängt sich jedem auf, der die Geschichte von Heinrich dem Seefahrer und Portugals Aufbruch in neue Welten kennt: An diesem Kap hat Europa seinen Bug, und dieser ragt hinaus ins Ungewisse.

Ein Leuchtturm mit roter Kappe markiert das Kap. Sein 3000 Watt starkes Leuchtfeuer ist an die 90 Kilometer weit sichtbar und »entschärft« die Risikozone. Das ist auch notwendig, denn hunderte von Schiffen erlitten hier schon Schiffbruch, Seeschlachten wurden geschlagen, Geschichte geschrieben. Unter den zahllosen

Fast schon ein Symbol der alten Algarve-Architektur ist das Glockentürmchen in der Fortaleza von Sagres. Im Hintergrund ist der Leuchtturm am Schwesterkap São Vicente zu erkennen.

Dieses Bild verdeutlich die riesige Kraft, die frei wird, wenn gigantische Wellen gegen die Klippenwände von Sagres donnern. Die Gischt spritzt dann bis weit über 140 Meter hoch.

schiffbrüchigen Seemännern, die sich einst an Land retten konnten, war auch ein gewisser Christoph Kolumbus. Bald sollte der Genuese in Portugal, dann in Spanien für Furore sorgen. Heute passieren täglich an die 200 Tanker das Kap auf dem Weg von und zu den Ölquellen des Nahen Ostens und Afrikas – in sicherer Entfernung von mindestens 20 Seemeilen. An klaren Tagen sieht man die riesigen Gefährte am fernen, schon leicht konvex gekrümmten Horizont.

Willkommen im Göttertreff

Schon seit Vorzeiten galt das Kap als »Ort, wo sich Götter treffen«. Infante Henrique (Prinz Heinrich der Seefahrer), Oberhaupt des mystisch orientierten Christusordens, ließ hier eine »Vila do Infante« bauen, eine Art Musterort für Seemänner und Fischer. Niemand weiß, wo genau. Am ehesten wohl dort, wo das kleine Fort Beliche in Kapnähe am Klippenrand klebt. Hier gibt es noch Spuren von der historisch belegten Kapelle Santa Catarina. Die *Vila* machte der legendäre Pirat und Freibeuter Francis Drake anno 1587 dem Erdboden gleich. Das gleiche Schicksal widerfuhr allen Festungen der Umgebung, die das Land vor Piraten schützen sollten: Die Burg direkt am Kap, die *Fortaleza von Sagres*, die Forts *Beliche*, *Baleeira*, *Zavial* und *Figueira*.

War das Kap schon seit Urzeiten eine heiliger Platz, so erhielt dieser Aspekt im frühen Christentum neuen Auftrieb: São Vicente, der heilige Vinzenz, starb im vierten Jahrhundert den Märtyrertod durch Verbrennen. Im zehnten Jahrhundert wollte man seine sterblichen Überreste in seine Heimatstadt Lissabon verschiffen, doch an Europas Südwestkap zerschellte das Schiff. Fanatisierte Gläubige retteten den Sarg an Land und vergruben ihn oben am Kap. Zweihundert Jahre lang war das Grab eine Pilgerstätte. Die im weiten Umkreis in Felsen und Dolmen eingeritzten Zeichen werden als Wegmarkierungen zum Grab gedeutet. Wie es die Sage will, sollen fortan Raben das Grab gehütet haben. Immer noch sieht man zahlreiche schwarze Vögel in dieser Gegend. Als man die sterblichen Überreste des Heiligen anno 1173 endlich nach Lissabon brachte, gaben die gefiederten Gesellen das Geleit. Diese Geschichte bewegte vor allem die Lissabonner so sehr, dass sie Schiff und Raben als Motiv ihres Stadtwappens auserkoren – der heilige Vinzenz ist seither der Schutzpatron von Lissabon.

Ein Manager der Neuzeit

Liest man über das Kap und Infante Henrique, stößt man bald auf eine Art »Akademie für Navigation«, die er ins Leben gerufen hatte. Historiker bezweifeln indes, dass diese Akademie in Sagres eingerichtet war, und erachten eher Lagos als den wahren Standort. Henrique motivierte Kapitäne, ins blauschwarze Nichts des Atlantiks hinein zu segeln, mit einem »Supersegelschiff« namens Karavelle, dem ersten durchgeplanten Gefährt der Neuzeit. An Bord hatten die Kapitäne Kompass und Astrolabium, fein gearbeitete Instrumente, mit welchen sie als erste Menschen die Navigation praktizieren konnten. Diese Kenntnis war es schließlich, die den Portugiesen damals einen entscheidenden Vorsprung gab: Sie erlaubte ihnen das freie Segeln auf hoher See, orientiert am Polarstern und der Sonne, während die Seemänner anderer Länder sich noch an den Küsten und ihren markanten Punkten wie Flussmündungen oder Bergen vorwärts tasten mussten. Mit üppigen Belohnungen in Form von Titeln, Landbesitz und Altersversorgung half der Prinz dem Entdeckerdrang seiner Kapitäne nach.

Nicht nur Romantiker kommen aus dem Schwärmen nicht mehr heraus, wenn sie in der kleinen Festung Beliche zwischen Sagres und São Vicente am Klippenrand sitzen.

Erstaunlicherweise finden sich heute nur zwei authentische Darstellungen dieses legendären Prinzen. Eher ausdrucksschwach ist die eine, nämlich am Südportal des Klosters Jerónimos in Lissabon (von der Unesco als Weltkulturerbe anerkannt). Dagegen ist die andere sehr präzise. Sie findet sich auf einem mehrteiligen Altarbild von Nuno Gonçalves, entstanden in den Jahren 1460 bis 1480. Hier findet sich sowohl das Porträt Henriques, wie man es allgemein kennt, als auch sein wahres Abbild. Das Gemälde stellt auf einem der

Paneele den König Duarte dar (er hatte das Werk in Auftrag gegeben), samt Frau und Kindern, sowie den Heiligen Vinzenz. Auf einem anderen Paneel zeigt der Künstler die Brüder des Königs, die Prinzen also, darunter auch Henrique. Am Kreuz des Christusordens ist er zweifelsfrei zu erkennen – er war schließlich der Gouverneur dieses mächtigen Ordens. Er ist als energischer Mann dargestellt: markant sein Kinn und leuchtend seine Augen. Studiert man dieses Gesicht, bekommt das, was man von ihm weiß, einen verständlichen Ausdruck. Umso erstaunlicher ist es, dass man einen anderen Mann als Infanten ausgibt.

Röntgenuntersuchungen ergaben: Das Bild wurde zweimal verändert. Wenige Jahre nach Fertigstellung des Gemäldes hängte man Henrique ein blaues Gewand um, weil ihn das würdiger erscheinen ließ. König Manuel dürfte das veranlasst haben, um den Ahnherrn der Entdeckungen zu ehren. Im 19. Jahrhundert veränderten Romantiker, die dem portugiesischen Imperium nachtrauerten, das Werk noch gravierender – ohne es anzutasten. Ihrer Meinung nach blickt König Duarte auf dem Gemälde wunderbar trist drein. Duarte starb übrigens an Depressionen und hatte Abhandlungen über den Zusammenhang von Geist und Gesundheit verfasst. Beschattet wird sein philosophierendes Antlitz von einem breitkrempigen Hut. Dieser Duarte wirkt wie einer, der »über die Weite der Welt« sinniert. Um

Diese Aufnahme verdeutlicht die abenteuerliche Lage der Beliche-Burg. Einst soll hier Prinz Heinrich der Seefahrer gelebt haben.

den Heldentaten des Infanten noch mehr huldigen zu können, bestimmte man (heute weiß niemand mehr, wo und wann genau dies erstmals geschah), dass diese beeindruckende und zentrale Figur des Gemäldes der Infante Henrique sei. Niemand korrigierte diese absurde historische Lüge. Und so sieht man heute den falschen Prinzen auf Menükarten, Büchern, Bahntickets.

Die Windrose

Die Legende von der »Seefahrer-Akademie« bekam Aufwind, als man zu Zeiten Salazars im Bereich der stark demolierten *Fortaleza de Sagres* eine aus Steinbrocken angelegte überdimensionale Windrose fand. Die *Fortaleza* selbst ist unbekannten Ursprungs. Errichtet wurde sie zur Zeit Henriques zur Sicherung seiner *Vila do Infante*. 150 Jahre später baute man sie aus. Auf den heutigen Stand im französischen Vauban-Stil brachte man sie Ende des 18. Jahrhunderts. Hinter der Burgmauer, welche die *Ponta de Sagres* an ihrer schmalsten Stelle wie ein Gürtel abriegelt, befindet sich die beeindruckende Windrose. Neben der Kapelle soll der Seefahrer-Prinz gelebt haben. Ganz in der Nähe stand bis in die 1990er-Jahre ein harmonischer Flachbau, die Stallung der Garnison, die hier untergebracht war. Mit glühendem Modernisierungswillen riss man ihn ab und ersetzte ihn mit jenem Betonklotz, in dem jetzt Glanztaten der Landesgeschichte gezeigt werden. Ab und an finden hier Kunstausstellungen statt.

Die Fischer von Sagres

Für Portugiesen klingt der Name Sagres wie Musik, nicht nur wegen der meistverkauften Biermarke gleichen Namens. Man hatte ihn gewählt, um anklingen zu lassen, was für Bier wichtig erscheint: Männerwelt, Sehnsucht, das Stillen der Sehnsucht. Sieht man aber die Fischer von Sagres, zeigen sich ganz andere Typen als die glatt rasierten Typen aus den Werbespots: Nämlich wettergegerbte Gesichter, kantige Nasen, furchtlose Augen, stets verschmitzt. Groß gewachsene Männer sind darunter, von denen nicht wenige behaupten, von den Phöniziern abzustammen.

Morgens in aller Herrgottsfrüh knattern sie mit ihren Mopeds zum Hafen, wie an einer Kette aufgehängt zuckeln bald die Boote und Kähne hintereinander her zu den diversen Fangrevieren, die gar nicht mal weit draußen liegen. Die Aussicht auf den Hafen lasst die Liebhaber von Sagres – und das ist man, oder man ist es eben nicht – tiefer durchatmen: knallbunte Boote dümpeln an der Kette, am Kai reiben sich ächzend die breiten Fischerkähne, Möwen stürzen pfeilschnell in das von trägen Wellen durchzogene Hafenwasser, und im Hintergrund ragen die orangebraunen Inseln von Martinhal vor der hier beginnenden Südküste auf.

Und diese Fische!

Rund um Sagres gibt es täglich zuhauf Nachschub an Fisch. Der Golfstrom und kühlere Strömungen bringen einen Reichtum, von dem man in anderen Gegenden Europas nur noch träumen kann. Und es sind nicht, wie andernorts, kleine (viel zu kleine) Fische, die nachmittags in triefenden Kisten aus den Schiffsbäuchen an Land hochgestemmt werden, sondern da sieht man kapitale Muränen, Silberbarsche, Doraden und sonstige Leckerbissen, auch Thun- und Schwertfische von über 150 Kilogramm Gewicht. 2004 fing man einen 14 Meter langen und angeblich 300 Jahre alten Schwertfisch.

Es fällt auch für Möwen etwas ab, wenn auf dem Boot Princesa de Sagres die Netze eingeholt werden.

Das Angeln am Kap von Sagres hat sich wieder einmal gelohnt ... Dieser *Robalo* ist wahrhaft kapital.

Mit diesen Fangkörben stellt man Kraken nach, wie hier die Mannschaft des alten Kahns Regresso á Vida (Rückkehr ins Leben).

Die fünf schönsten Erlebnisse an der Westküste

Piraten in Sicht!
Am Straßenende des Fischerdorfes Arrifana bietet sich vom Castelo ein phantastischer Panoramablick. Gen Süden breitet sich unten die weite Bucht von Arrifana aus, gen Norden reihen sich imponierende Klippen bis zum Kap von Atalaia aneinander. Rauf und runter.

Bezaubernde Praia da Amoreira
Hier mündet ein Flüsschen. Auf einer Luftmatratze liegen und sich landein treiben lassen, vorbei an Dünen und Felsen; und ab und an ins flache und nicht zu kühle Nass tauchen, in dem sich zahllose Fische und kleine Krebse tummeln.

Wandern vom Leuchtturm aus
Gleich beim Leuchttum von São Vicente kommen Vogelbeobachter auf ihre Kosten. Und im nahen Restaurant »O Vigia« liegt ein einzigartiges Vogelbuch aus, es hilft prima beim Identifizieren der gesichteten Vögel.

Leckerbissen »Hühnerklauen«
Appetitlich sehen *Percebes* (Rankenfüßler) nicht aus. Eher wie kleine Hühnerklauen. Sie gehoren zur Familie der Krebse und gedeihen nur in saubersten Wasser, hängen an Felswänden. Und billig sind sie auch nicht. Aber sie sind eine Köstlichkeit, die in vielen Lokalen der Westküste erhältlich ist. Ein Vinho Verde dazu, ein Gläschen hausgemachte Limonade oder ein *Imperial* (frisch gezapftes Bier) – perfekt ist der Genuss.

Ganz originell Fisch essen
Fischspezialitäten sind nirgendwo so originell wie an der Westküste. Warum probieren Sie nicht mal eine perfekt frittierte Muräne? Die vielen Gräten werden butterweich und einfach mitgegessen. Choquinhos com tinta sind frittierte oder gegrillte sehr kleine Tintenfische samt Tinte, die der Sauce die dunkle Farbe gibt. Wer nicht wagt, der nicht gewinnt – oder: Probieren geht über studieren.

Die Ponte Romana
in Silves führt über
den Rio Arade.

Das Hinterland

Die Natur bleibt Sieger

Mit einer Fläche von fast 6000 Quadratkilometern ist das weiträumige Hinterland zu groß und zu vielfältig, um einen allgemein gültigen Eigennamen zu tragen: Es reicht von der atlantischen Westküste bis an den Grenzfluss zu Spanien, dem Rio Guadiana. Im Norden wird es von der Provinz Alentejo eingegrenzt, im Süden dient die Autobahn als markante Trennlinie zwischen Küste und Hinterland. Hügelketten und Täler prägen die reizvolle und harmonische Landschaft. Einige markante Tafelberge wie der Rocha da Pena ragen heraus, ebenso wie die höchsten Erhebungen im Süden Portugals, die Berge Picota und Fóia in der Serra de Monchique. Generell ist das Hinterland dünn besiedelt. Die Zahl der Menschen, die noch im bäuerlichen Umfeld leben, wird immer geringer, weil nur die Alten hier bleiben. Die Jugend zieht es an die Küste – dort, und nur dort, lockt das liebe Geld.

Schafe lassen sich von der Nato-Radaranlage am Gipfel des über 900 Meter hohen Fóia-Berges nicht stören.

Und so stirbt das Kleinbauerntum allmählich aus. Wind und Wetter nagen an den alten Häusern. Stürzen die Dächer ein, werden schnell Ruinen daraus, Lehmmauern sinken zurück ins Erdreich. Als Reste einer Kulturlandschaft wird man sie binnen weniger Jahrzehnte schon nicht mehr erkennen. Die ursprüngliche Vegetation aus Korkeiche, Baumheide, Erdbeerbaum, Lorbeerbusch und Zistrose, Brombeergebüsch – um nur die wichtigsten zu nennen – erobert sich das Land zurück, wo einst Kartoffeln, Mais und Getreide angebaut wurden. Dieser Sieg der Natur hat etwas Friedfertiges, unergründlich Beruhigendes an sich und verleiht dem Hinterland seine ganz eigene Stimmung. Für die vielen Bewohner der dicht besiedelten Küste stellt diese Landschaft ein Reservoir der Kraft und Ruhe dar.

Garten der Algarve

Als Garten der Algarve bezeichnen viele Portugiesen das Küstengebirge Serra de Monchique. Schon die Römer hatten die Serra als »Blumenberg« betitelt. Sie ist die grüne Lunge des Südens, ein Paradies für Liebhaber schöner Pflanzen und ein wahres Wanderparadies. Auf ungezählten Wegen kann man die weitläufige Berglandschaft erkunden, die aus zwei Massiven besteht: dem 902 Meter hohen Fóia und dem 130 Meter niedrigeren Picota. Die Serra ist dichter besiedelt als benachbarte

Rechte Seite: Atemberaubend ist die Cockpit-Aussicht vom Berg Picota auf den Küstenstrich zwischen Sagres und Faro. Im Vordergrund die Baustelle des größten Stausees der Algarve an der Ribeira de Odelouca zwischen Monchique und Silves.

Kann eine Korkeiche schöner sein? In der Serra de Monchique – speziell beim Dörfchen Cortes – gibt es Exemplare, die an die tausend Jahre alt sein sollen.

Regionen, denn hier fällt mehr Regen, daher gibt es mehr Grundwasser für die Landwirtschaft. Diese Tatsache führte dazu, dass die Serra-Bauern stets wohlhabender waren als ihre Kollegen. Hier gab es noch in den 1970-er Jahren mehr Rinder als im Rest der Algarve, mehr Kartoffeln sowieso. Als beste Sorte im ganzen Land bringen die Erdäpfel gar den doppelten Preis. Selbst in den Korkeichenwäldern säten die Landwirte Kartoffeln und Getreide aus, Korkrinde, Honig, Pinienholz für die Möbel- und Eukalyptusholz für die Papierproduktion sorgten für Wohlstand.

Neue Aussichten

Die Hänge sind – als Erbe maurischer Agrikultur – terrassiert und werden bewässert. Oft verzieren sie die weite Berglandschaft mit faszinierend schönen, geometrisch geschwungenen Mustern in smaragdgrüner Farbe. Die Terrassenwände sind aus teils riesigen Granitquadern aufeinander geschichtet. Dunkel ist die Erde, fruchtbar und reich an Mineralien – Zitronen, Orangen, Oliven, Kiwis und exotische Früchte gedeihen hier prächtig. Doch selbst unter diesen günstigen Vorzeichen stirbt auch hier die Landwirtschaft aus. Die Zitronen werden schon seit Jahren nicht mehr geerntet, Häuser in den reizvollsten Winkeln der Serra stehen leer und haben nur dann eine Chance auf weiteres Leben, wenn Ausländer einziehen. Die Schule des Kreisstädtchens Monchique besuchen viele Schüler, deren Eltern aus dem Ausland stammen: Immer mehr alte Bauernhöfe werden zu komfortablen Landhäusern umgebaut. Und die neuen Besitzer freuen sich an der erstklassigen Aussicht auf einen der schönsten Küstenstriche überhaupt, sind stolz auf ihr rustikales Leben im Hinterland.

Wiedergeburt aus Feuermeer und Ascheregen

Im Spätsommer 2003 verwandelte das weltgrößte Feuer des Jahres Tausende von Hektar Serra-Land in eine Aschewüste. Den zahlreichen Augenzeugen trieb allein der Anblick der Verwüstung die Tränen in die Augen. Und wie ging es erst den vielen Familien, die ihr ganzes Hab und Gut verloren! Ihre gesamte Existenzgrundlage war dem Feuer zum Opfer gefallen: das eigene Heim, die Korkeichen, Ölbäume, Früchte, die Bienenstöcke, die Beeren des Medronhobaumes (Erdbeerbaum), welche sie zum besten und teuersten Schnaps des Landes verarbeitet hatten. Leider erwies sich die Hilfestellung für die Betroffenen von Staat und Gesellschaft als geradezu erbärmlich. Und nie gab es ernsthafte Untersuchungen über die Ursache der Brände, scheint es doch offensichtlich, dass sie systematisch und mit fachmännischem Know-how gelegt waren.

Aber die Menschen der Serra sind Bergmenschen, sie sind zäh wie die Natur. Schon im Frühling 2004 zeigte sich die Serra wieder im geradezu erstaunlich grünen Kleid. Aus schwarz verbrannter Korkrinde wuchsen wider Erwarten frischsaftige Triebe. Die abertausend Eukalyptusbäume hatten schon bald nach dem Feuer wieder ausgeschlagen. Und die Waldböden waren nun überzogen von einem »Fleckerlteppich« aus zahllosen leuchtenden Farbtupfern: Gelbe, rote, blaue Blütenfelder wechselten sich ab und waren wegen der inzwischen teilweise abgeholzten Baumruinen nun viel besser sichtbar. Zuversicht und Lebensfreude kehrten wieder ein.

Zu den besonders schönen Pflanzen zählen wilder Rhododendron, langstielige wilde Pfingstrosen, etliche Orchideen. Insgesamt lassen sich in der Serra über tausend Pflanzenarten entdecken, darunter auch viele subtropische. Auch die Tierwelt ist recht vielfältig. Adler sind keine Seltenheit, Wildschweine fühlen sich in der Einsamkeit der entlegenen Regionen besonders wohl, Marder und sogar einige Luchse finden hier einen günstigen Lebensraum.

Wo schon die Römer baden gingen

Caldas heißt ein kleiner Badeort fünf Kilometer südlich von Monchique. Noch heute spürt man, dass sich hier einst betuchte Familien aufhielten. Schon die Römer schätzten das schwefelhaltige Wasser und kurierten damit ihre müden Leiber. Der altertümliche und angestaubte feudale Prunk, der bröckelnde Putz vermitteln Caldas einen leicht morbiden Charme. In jüngsten Jahren renovierte man den Ort, richtete ein Badezentrum mit viel Schnickschnack und viel Marmor ein, investierte Millionen – und kratzte neben der Patina im wahrsten Sinne des Wortes auch den Charme mit ab. Trotzdem – Caldas »hat was«. Man kann in üppigen Gärten spazieren gehen und das legendäre Monchique-Wasser probieren, dessen Heilwirkung vor allem im 19. Jahrhundert die Reichen des portugiesischen Imperiums anlockte.

Königin Silves, charmantes Silves

Al-Gharb nannten die Mauren jene Provinz, die, lautmalerisch gering verändert, nun Algarve heißt (das »v« wird oft als »b« gesprochen). »Der Westen« bedeutet das, betrachtet vom Kalifat in Cordova. Die Mauren bauten ihre Königsstädte immer im Landesinneren und nicht am Meer – dort wären sie Überfällen schutzlos ausgeliefert gewesen. Im Al-Gharb war das nicht anders.

Woher kommt bloß die Pflanzenpracht in der Serra de Monchique? Des Rätsels Lösung ist natürlich das Wasser. Selbst im Hochsommer plätschert es in den Bächen. Schon die Römer nützten das Wasser aus Caldas de Monchique für ausgetüftelte Wasserkuren.

Roter Sandstein ist das charakteristische Merkmal aller Bauten in und um Silves.

Das Städtchen Silves war die Metropole der Mauren an der Al-Gharb – das heißt der *Westen,* gesehen vom Kalifat in Cordova aus. Mit dieser Pracht und Herrlichkeit konnten nur Sevilla und Granada mithalten.

Am Rio Arade, genau dort, wo die Flut hinreichte und damit Handelsschiffen ein günstiger Zugang ins Hinterland gesichert war, bauten sie auf einem Kegelberg eine gewaltig große Burg. Wahrscheinlich hatte hier vorher schon eine römische Festung gestanden. Andere Prachtbauten kamen bald hinzu: Eine stattliche Moschee samt Akademie für das Studium des Korans, der Mathematik und Sternenkunde, aber auch Paläste, umgeben von terrassierten Parkanlagen. Angeblich konnte sich dieser prachtvolle Ort damals ohne weiteres mit Städten wie Granada oder Sevilla messen lassen.

Von dieser Pracht sieht man heute nur noch die zinnenbewehrte Burganlage, deren Sandsteinmauern im Licht des späten Nachmittags tiefrot erglühen. Wie eine kupferne Krone thront sie über dem Städtchen, das heute etwa 12 000 Einwohner zählt. Die Christen eroberten die Metropole von den »Ungläubigen« im Jahr 1189, aber die Mauren warfen die Christen wenig später wieder hinaus, bis anno 1249 die Kreuzritter der Fremdherrschaft endgültig ein Ende bereiteten. Dies war ein überaus blutiges Ende: Sie töteten ihre Gegner, schleiften die gesamte Stadt, ließen nur die Burg stehen und bauten die große Moschee zur Kathedrale um.

Der Regent in Lissabon nannte sich fortan »König von Portugal und Algarve«. Heute noch sehen viele Portugiesen im Algarve einen ihnen etwas fremden Landesteil, wohl, weil das Erbe der Mauren in den Gesichtern der Menschen deutlich sichtbar ist. Ausländische Besucher sehen dieses fremd anmutende Völkergemisch umso lieber – es ist schließlich kein Geheimnis, dass gemischte Gene schöne Menschen erzeugen …

Mit etwas Phantasie kann man sich das alte Leben in *Xilb* – so nämlich nannten die Mauren ihre Metropole – bildlich vorstellen. Gassen führen kreuz und quer durchs Städtchen, die Restaurants, auch jene am Ufer des Rio Arade und vor dem *Mercado Municipal* (Markthalle) haben viele Gäste, vor dem Markt sitzen alte Männer im Schatten, spielen Karten, halten ein Nickerchen. Locker und gelassen geht es hier zu. Sich treiben

Von der Burg reicht der Blick weit ins Hinterland – aber nicht bis zum Meer. Mit Rauchsignalen konnten die Burgleute so die Bevölkerung der Metropole über an der Küste eintreffende Schiffe informieren.

Mächtige Zinnen zieren die Mauern der Burg von Silves – sie ist die größte der Algarve.

lassen, so heißt die Devise, denn nur dann lässt sich der stille Charme von Silves erspüren. Für viele ist dieser Ort der schönste der Algarve, doch jeder Besucher hat seinen eigenen Favoriten …

Unbedingt sehenswert ist neben der Burganlage auch die alte Korkfabrik *Fábrica do Inglés*. In einem Museum kann man alle Schritte der Herstellung von Flaschenkorken sehen. So gekonnt und sorgfältig wird alles präsentiert, dass die Betreiber einen begehrten internationalen Preis als bestes Industrie-Museum erhielten. Ab und an finden auf dem Gelände der Fábrica Konzerte statt und jedes Jahr im Juli das Bierfestival *(festival da cerveja)*.

Baden in der Barragem, jung in Alte

Zwischen Silves und São Bartolomeu de Messines breitet sich inmitten von Hügelketten der Stausee *Barragem do Funcho* aus. Er füllt die verzweigten Täler mit seinem tiefen Wasser. Durch einen Tunnel ist er mit dem im Bau befindlichen neuen Damm von *Odelouca* am Rande der Serra de Monchique verbunden. Die Ufer sind schattenlos, im Sommer wird es manchmal sehr heiß. Zum Schwimmen und Angeln ist der See ideal, und wer eine Rundwanderung unternehmen will, darf sich auf über 30 Kilometer Wegstrecke freuen – wunderbare Kilometer. Unterwegs sieht man einsame, meist verlassene Häuser und Weiler, teils auf Halbinseln gelegen.

Wenige Kilometer hinter dem Städtchen São Bartolomeu de Messines liegt das Dorf Alte. Weiß gekalkt sind seine Häuser, Blumentöpfe hängen an den windschiefen alten Wänden, malerische Gassen führen durch das Häusergewirr. Am Quelltopf *Fonte Grande* kann man im kühlen Wasser plantschen. Angeblich soll das Nass ein Jungbrunnen sein – ausgerechnet in Alte, denken wir deutschen Besucher.

Salir liegt an der Straße nach Barranco do Velho, einem Dörfchen, das dadurch Bedeutung erhielt, dass sich hier Straßen kreuzen, wo sich ansonsten Füchse und vor allem Adler, von welchen es hier etliche gibt, gute Nacht sagen. Südwärts geht es ins gemütliche

Von Licht durchflutet ist die bauälteste Kathedrale der Algarve. Man baute sie auf den Ruinen der von Kreuzrittern zerstörten Moschee von Silves auf.

Städtchen Alportel, südwestwärts nach Loulé, nordwärts in die Provinz Alentejo, ostwärts nach Cachopo. In jeder Richtung breiten sich so weit das Auge reicht Wälder und Weiden aus.

Kork über alles

In vielen Teilen des Hinterlandes ist der Kork die wichtigste Einnahmequelle der Menschen. Die bis zwei Meter langen und bis fünf Zentimeter dicken Korkstücke sieht man häufig als riesige Stapel – sie werden für den Abtransport aufgeschichtet. Die Rinde der weit ausladenden Korkeiche wird alle neun Jahre geschält, anschließend die Jahreszahl dieser Schälung auf den »nackten« Baumstamm gemalt. So ist immer ersichtlich, wann die nächste Entrindung fällig ist, da die Rinde ja von innen nach außen wächst. Eine vier bedeutet demnach: 2004 wurde geschält, im Jahr 2013 ist der Baum wieder fällig. Über 300 Jahre lang kann man die Korkrinde abschälen! Ein Kubikzentimeter des Wundermaterials besteht aus über 10 Millionen Zellen, diese machen es so einzigartig elastisch, wasserdicht, isolierend und reißfest. Schon die Griechen verschlossen ihre Amphoren mit Kork. Nirgendwo in der ganzen Welt gedeihen Korkeichen so gut wie in der Algarve.

Liebe zu Loulé – bom dia!

An Liebeserklärungen mangelt es auch dieser Stadt nicht. Manche zählen die Kunstschätze in den Kirchen auf. Zum Beispiel die Pfarrkirche *Igreja Matriz,* die im 13. Jahrhundert über einer Moschee erbaut wurde und deren Seitenkapelle Capela das Almas überreich mit Azulejos verkleidet ist. Andere legen mehr Wert auf ganz und gar Profanes – die Markthalle. Sie ist ein

Glanzstück neoarabesker Algarve-Architektur, hat zwiebelförmige Ecktürme und wirkt dank ihres rosafarbenen Anstrichs wie eine Riesentorte. Hier herrscht täglich außer Montag reger Betrieb, da wird lauthals all das feilgeboten, was das Land derzeit an frischem Obst und Gemüse hergibt, auch rund um die Halle wird gehandelt. Es ist eine wahre Lust, all das mitzuerleben. Samstags geht es noch betriebsamer zu, dann lockt zusätzlich der laute »Zigeunermarkt« – ein kunterbuntes Freiluft-Kaufhaus mit Klapptischen.

Überall liest man, das maurische Erbe sei nirgendwo in der Algarve so lebendig wie in Loulé. Dem kommt man aber erst auf die Spur, wenn man innerhalb der Mauern der alten Sarazenenburg entlang schlendert. Die Türen zu vielen Werkstätten stehen offen, lauter Lärm erfüllt den Burgfrieden – da wird genagelt und geschliffen, gehobelt und gesägt, geschweißt und getrieben. Besucher dürfen ruhig den Kopf reinstecken, ein »Bom dia« *(Guten Tag)* kann oft in einem freundlichen Gespräch enden. Die Algárvios können sehr herzlich sein! Von den Menschen an der Küste wird man das kaum sagen, denn viele werden dort vom Tourismus regelrecht überrollt – aber im Hinterland ticken die Uhren anders, da haben die Leute ein sanftes Gemüt.

Land der Einsamkeit – Reste von Atlantis

Nördlich von Loulé wird das Land im Sommer noch trockener und heißer. Von den oft terrassierten Hügeln fällt der Blick auf die nahe Küste. Karg wird die Vegetation, nur Gebüsch, Ölbäume und Johannisbrotbäume gedeihen auf dem schotterbedeckten lehmigen Grund. Einige Felsbrocken liegen weit verstreut herum, verstei-

Strenge Schönheit strahlen die mächtigen Säulen der Silves-Kathedrale aus. Die *Algárvios* sind aber nicht sehr religiös eingestellt, ganz im Gegensatz zu ihren Landsleuten im Norden Portugals.

Mit einfachsten Maschinen wurden bis vor 20 Jahren in der Fábrica do Inglês in Silves Korken ausgestanzt.

Rechte Seite: Erst vor einigen Jahrzehnten entdeckte man diese tiefe Zisterne in der Burganlage von Silves. Man munkelt, sie habe eine geheime Verbindung zum Rio Arade, der über acht Kilometer entfernt ist.

nerten Ungeheuern gleich. Im Dörfchen *Assumada da Cruz* sind sie noch größer als anderswo und angeblich auch wesentlich älter, nämlich 600 Millionen Jahre – doppelt so alt wie das übliche Gestein in der Algarve. Ein deutscher Wissenschaftler will in diesen Felsen die Reste von Atlantis erkennen.

Der Nordwesten des Hinterlandes ist teils dicht bewaldet, teils breitet sich ein Netz aus ummauerten großflächigen Weiden aus. Oft fährt man viele Kilometer, bis man das nächste Dorf erreicht. Bis hin zum Rio Guadiana reicht dieses Land der Einsamkeit. Unterwegs ist *Cachopo* mit etwas mehr als einem Dutzend Häusern einer der wenigen größeren Orte. In *Martim Longo* gibt es viele gute Lokale, die regionale Spezialitäten anbieten. Fährt man weiter ostwärts, stößt man im Kreisstädtchen *Alcoutim* auf den beschaulichen Rio Guadiana. Sogar die Burgfestung nahe am Ufer des breiten Rios wirkt fast spielzeughaft, ganz anders als am anderen, am spanischen Ufer, die auf einem Berg thronende Burg von *Sanluca*.

Algarve grenzenlos

Mit einem Fischerboot kann man hinüber nach Spanien gelangen. Unterwegs stellt man sich vor, wie die Anwohner hier einst Waren schmuggelten, hin und her. Dieses Geschäft betrieben sie Jahrhunderte lang, bis vor kurzem. Und das, während die Soldaten die Ufer in der Hoffnung beobachteten, es möge keiner den anderen überfallen. Jahrhundertelang waren sich die Spanier und Portugiesen alles andere als freundlich gesinnt – in der Politik wie »beim Volk«. Aber fragt man die Menschen, die im Grenzgebiet selbst wohnen, bekommt man ganz anderes zu hören. Da versteht einer die Sprache des anderen, so mancher hat ein Kind oder eine Tante »drüben«, und das mit dem Schmuggeln funktionierte auch nur, weil beide Seiten so hervorragend zusammenarbeiten. Aber das ist natürlich nicht nur an dieser Grenze so …

Den Rio rauf und runter

Breit ist der Rio Guadiana. Schiffbar ist er bis Pomarão nahe der Grenze zur Nachbarprovinz Alentejo. Denn bis Pomarão reicht die Flut im drittlängsten Fluss der Iberischen Halbinsel. Bis vor dreißig Jahren nutzten Kapitäne dies aus, um mit großen Kähnen flussaufwärts zu fahren und Erze zu laden. Diese wurden aus der Mine von São Domingos mit einer eigens dafür gebauten Eisenbahn zum Kai von Pomarão gebracht. Geschmolzen wurden die Erze in England. Gold, Silber und Kupfer ließen sich in ordentlichem Ausmaß gewinnen. In den 1980er-Jahren aber schloss die Mine, das machte 4000 Bergarbeiter arbeitslos. Inzwischen wurden die Bahnschienen entfernt, aber die 15 Kilometer lange Trasse verblieb und ist heute einer der faszinierendsten Wanderwege in diesem entlegenen Landstrich.

Von Alcoutim kann man auf der Uferstraße bis nach *Foz de Odeleite* fahren – eine herrliche Strecke! Das Rio-Tal ist breit, in weiten Schleifen mäandert es behäbig dem Meer entgegen. Beidseitig säumen idyllische Hügelketten die *Ribeira*, Orangenhaine und Ölbaumgärten wechseln sich ab. Im Kontrast dazu ist die Vegetation der Uferhügel dünn, die Hitze und der karge Boden lassen nichts anderes zu. Bei Odeleite stößt man auf die Fernverkehrstraße IC27, bald erreicht der Reisende die Gegend von Castro Marim in der Sand-Algarve Sotavento und beschließt den Streifzug durch die Algarve.

Jedes Jahr bringen Männer das Standbild der Heiligen der Capela de Senhora da Piedade in der Prozession Mãe Soberana auf den Berg. Am Zweiten Sonntag vor Ostern ist diese größte Prozession der Algarve unbedingt einen Besuch wert.

Unten: Capela de Senhora da Piedade heißt die hoch gelegene Pilgerstätte für die Schutzpatronin der Algarve.

Ganz links: Der Stausee Barragem do Funcho ist ein echter Geheimtipp für alle, die gerne lange und einsame Wanderungen unternehmen – mit vielen Unterbrechungen für einen Sprung ins Wasser!

Links: Im Dörfchen Alte nördlich von Loulé gibt es eine Riesenauswahl an *Artesanato* (Kunsthandwerk).

Selbst im Hochsommer führen einige Flüsse, wie hier die Ribeira de Odelouca, noch Wasser. Hier tummeln sich Schildkröten und zahlreiche Fische.

Linke Seite: Am Rio Guadiana gibt es auch im Hinterland noch Strände, wie hier die Praia Fluvial Alcoutim.

In und um Alcoutim baute man die Häuser mit dem hier vorkommenden Stein: dem Schiefer.

Die Burg von Alcoutim sieht im Vergleich zur monumentalen Burganlage von Sanluca auf der anderen, der spanischen Seite des Rio Guadiana, fast niedlich klein aus.

Brücke über die Ribeira Vascão bei Pomarão

Unten: Bei Pomarão lässt es sich herrlich wandern. Alte Wassermühlen locken zum Verweilen, und wer die Gegend genau absucht, kann hie und da einen schwarzen Storch entdecken.

Die fünf schönsten Erlebnisse im Hinterland der Algarve

Parque Mineiro Cova dos Mouros
Der Boden ist hier im Hügelland an der Ribeira da Foupana reich an Edelmetallen. Schon die Römer und Mauren schmolzen es an Ort und Stelle. In einem Freilichtmuseum wurde diese Mine originaltreu in der Form freigelegt, dass der Betrieb authentisch – teils von Puppen veranschaullicht – verständlich wird. Ein weiter, aber lohnenswerter Ausflug!

Galeria Porca Preta
Im Herzen der Serra de Monchique belebte ein deutsches Paar ein verlassenes Dörfchen mit dieser erfolgreichen Kunstgalerie. Im dazugehörigen Restaurant gibt es köstliche Serra-Spezialitäten. In der idyllischen Kulisse der umliegenden terrassierten Zitrus-Plantage stehen zahlreiche Skulpturen und Kunstobjekte. Gäste dürfen Orangen und Zitronen pflücken.

Die mächtigste Korkeiche der Welt
Bei einem Dörfchen am Südhang des Picota-Berges in der Serra de Monchique steht die größte Korkeiche der Welt. Fünf Erwachsene müssen ihre Arme ausstrecken, um sie zu umfangen. Am letzten und einzigen weißen Haus im Dorf auf einem Pfad 50 Meter bergab gehen – da steht sie, stolz und unbeugsam.

Rocha da Pena
Das Hochplateau auf diesem knapp 500 Meter hohen Tafelberg steht unter Naturschutz. Für eine Tageswanderung ein tolles Ziel nördlich von Loulé. Oben zieht sich ein an die 3000 Jahre alter Steinwall durchs Gelände. Für Vogelbeobachter gilt: Fernglas mitnehmen und 120 Vogelarten entdecken!

Mit dem Kanu zur Küste und zurück
Von Silves aus, gleich von der römischen Brücke, auf dem Rio Arade bei einsetzender Ebbe bis zur Mündung paddeln ist ein wahres Vergnügen. Man passiert ein bilderbuchschönes Umland, sieht Vögel, Schildkröten, Biber. Bis zur Autobahnbrücke fahren und bei einem Picknick am Ufer die Flut abwarten – sie trägt das Kanu zurück.

Reiseinformationen

Die Algarve von A bis Z

ANREISE, WEITERREISE

Von vielen deutschen und anderen europäischen Städten gibt es Flüge nach Faro, dem einzigen internationalen Airport der Algarve. Einige Airlines fliegen per »Sammelflug«, z. B. Mallorca–Faro–Deutschland. Durch das große Angebot und durch das Marketing via Internet sind die Flüge in jüngsten Jahren günstiger geworden.

Natürlich kann man Faro mit dem Flugzeug auch via Lissabon, Porto, Azoren und Madeira erreichen. Tipp: Einige Fluggesellschaften bieten »Scherenflüge« ohne Aufpreis an. Damit kann man z. B. von Frankfurt nach Lissabon fliegen, und der Rückflug ist dann Faro–Frankfurt. Für Besucher, die mit dem Mietwagen den Süden Portugals erkunden wollen, ist das ideal.

Innerhalb von Portugal: Man kann sich günstig mit der Bahn bewegen. Zwar ist das Netz dürftig, aber die wichtigsten Verbindungen sind vorhanden. Die Strecke Lissabon–Algarve wurde 2004 elektrifiziert und so ausgebaut, dass man nun direkt in die Innenstadt von Lissabon gelangt.

Innerhalb der Algarve: Die Bahn (caminho de ferro) stellt auch zum Erkunden der gesamten Provinz eine Alternative dar. Einige Orte haben Bahnhöfe in der Innenstadt (z. B. Lagos, Portimão, Faro, Olhão, Tavira, Vila Real de Santo António), in anderen (z. B. Albufeira oder Silves) liegen sie einige Kilometer außerhalb. Die Algarve-Linie hat zwei Teilstrecken (Sotavento und Barlavento), die sich in der Mitte im Städtchen Tunes treffen.

Auch **mit dem Bus** (autocarro) kann man sich problemlos in der Algarve und zwischen Lissabon und Algarve fortbewegen. Es gibt staatliche und private Unternehmen. Zuverlässige Informationen über Bus wie Bahn erhält man in jedem Büro für Fremdenverkehr. Diese erkennt man an einem »T«; es steht für »Turismo«.

Taxi: Es gibt zahllose Taxen. Fast jeder Ort hat eine zentrale Taxistelle. Nur wenige Taxis sind noch im traditionellen schwarz mit grünem Dach lackiert. Die meisten sind cremefarben. Der Transport ist relativ preiswert. Taxis bieten sich auch für Tagesfahrten an und können einen Mietwagen durchaus ersetzen, wenn man die meisten Urlaubstage am Strand und nur einige bei Tagestouren verbringen will. Bei längeren Fahrten sollte man sich vorher nach den Kosten erkundigen und den vereinbarten Preis auf einem Notizblatt schriftlich bestätigen lassen (»bitte ein Angebot – um orçamento por favor«).

Preisnachlässe: Personen über 65 zahlen die Hälfte bei Bahn und Bus sowie bei vielen Museen und Einrichtungen (Ausweis vorzeigen!), Jugendliche mit dem Cartão Jovem (Jugendkarte) erhalten bei Fahrten über 100 Kilometer 30 Prozent Preisnachlass.

AUSKUNFT

Für detaillierte Auskünfte – auch zu Unterkünften, Golf, Veranstaltungen etc. – wende man sich an das

Portugiesische Touristikamt, Zentrale
Schäfergasse 17
60313 Frankfurt/Main
Tel (0 69) 23 40 94
Fax (0 69) 23 14 33
dir@icepfra.de

Kurfürstendamm 203
10719 Berlin
Tel (0 30) 2 54 10 60
Fax (0 30) 2 54 10 699

Opernring 1
1010 Wien
Tel (01) 5 85 44 500
Fax (01) 5 85 44 45

Baderstr. 15
8004 Zürich
Tel (01) 2 41 00 01
Fax (01) 2 41 00 12

AUTOFAHREN

So sanft und locker die Portugiesen auch sind – im Auto zeigen viele ein umgekehrtes Verhalten, gebärden sich aggressiv, cowboyhaft ist der Fahrstil. In den Städten ist das ärger als auf dem Land, in Porto oder Lissabon ganz besonders, während sich in der lockeren Algarve ein eleganterer Fahrstil durchgesetzt hat. Grundregel: Defensiv fahren. Die Verkehrsregeln sind identisch mit jenen in Mitteleuropa. Die Hauptverkehrswege sind gut ausgebaut, insbesondere die Ost-West-Achse der Nationalstraße N125 (»Algarve-Highway«) und die parallel dazu verlaufende Autobahn, die als mautfreie Europastraße E01 fast die gesamte Algarve in einen dicht besiedelten Küstenstrich und ein sehr dünn besiedeltes Hinterland trennt.

AUTOVERMIETUNG

In der Regel werden Mietwagen zusammen mit dem Flug gebucht, dann erhält man sein Auto am Airport; die Rückgabe erfolgt ebenfalls am Airport. Alle großen Firmen haben Büros im Terminal. In den Städten findet man zudem kleinere Firmen, die mit günstigen Preisen locken. Man muss den Führerschein seit mindes-

Linke Seite: Traumstrände ohne Rummel bietet die Algarve in Hülle und Fülle.

Artesanato der Algarve: Laternen aus noch nicht gebranntem Lehm

tens zwei Jahren haben; die Kaution wird mit Kreditkarte bezahlt. Prüfen, ob der Wagen Schäden an der Karosserie aufweist.

EINREISE

In der EU gibt es keine Grenzkontrollen mehr, aber man muss immer einen Personalausweis oder Reisepass bei sich führen. In den Flughäfen und bei Polizeikontrollen wird geprüft.

ELEKTRIZITÄT

Der Strom hat eine Spannung von 220 Volt. Im Hinterland haben entlegene Gebäude oft stark wechselnde Spannungen.

ESSEN UND TRINKEN

Die portugiesische Küche ist keine raffinierte. Im Gegenteil: Gute und frische Zutaten besorgen ein Mahl, das ohne Sahne, ohne viele Gewürze und ohne aufwändige Rezepte zu einem wahren Genuss werden kann. Damit entspricht es ganz und gar den Empfehlungen der Nouvelle Cuisine, deren Gesetze hier indes völlig unbekannt sind und nur in internationalen Restaurants der oberen Preisklasse akzentuierte Beachtung finden. In den meisten Restaurants pflegt man die alte Tradition leider nicht genügend. Oft haben die Gerichte zu wenig Eigengeschmack, sie werden mit zu viel Fett zubereitet, und das Gemüse, wenn es welches gibt, ist verkocht. Das ist schade. Denn die Algarve-Küche hat ihren eigenen Charakter. Sie ist leichter als die Küche Lissabons oder des Nordens, und sie integriert viel Maurisches, Nordafrikanisches; vor allem bei den Desserts.

Cataplana-Gerichte ähneln den andalusischen Paellas: Beide waren früher Arme-Leute-Essen, bei welchen man alles verwendete, was gerade in der Küche zur Verfügung stand. Cataplana ist die Bezeichnung des eigenwilligen Behälters, den man für dieses Gericht benötigt. Er erinnert eher an eine fliegende Untertasse als an einen Topf. In ihm wird fettfrei gegart, und zwar Fisch, Meeresfrüchte, Fleisch, Gemüse, Reis. In vielen Restaurants offeriert man diese recht teuren Gerichte.

Im Hinterland werden deftige **Eintöpfe** zubereitet, wobei die feijoadas (ähnlich wie in Brasilien) besonders kräftige Bohneneintöpfe mit Lamm- oder Schweinefleisch, einige auch mit Muscheln darstellen.

Auf Liebhaber von **Meeresfrüchten** wartet dieser rare Leckerbissen: Perceves. Sie sehen nicht gerade appetitlich aus, nämlich wie Hühnerklauen; aber sie streicheln den Gaumen. Auf Deutsch heißen sie Entenmuscheln. Es sind aber keine Muscheln, sondern gehören zur Gruppe der Krebse. Sie wachsen an schwer zugänglichen Felswänden der wilden Westküste. Sie werden kurz und ungewürzt gekocht, abgekühlt, ein Vinho Verde (ein spritziger und mit 10 Prozent etwas alkoholarmer grüner Wein aus dem Norden Portugals) oder ein Gläschen frisch gezapftes Bier dazu, und die Schlemmerei ist perfekt.

Lässt man sich auf solche Besonderheiten ein und vermeidet so weit wie möglich die »Abfertigungen« an der Südküste, kann man an der Algarve kulinarische Hochgenüsse erleben und kommt wahrlich auf seine Kosten. Apropos Kosten: Diese sind mit der Einführung des Euros in vielen Touristen-Restaurants stark angestiegen. Umso mehr lohnt es sich, Ausschau nach solchen Lokalen zu halten, die vorwiegend von Einheimischen frequentiert werden. In der Regel ist das Essen dort schlichter, typischer, besser und preiswerter; das gilt auch für den Hauswein und die Desserts.

FEIERTAGE UND FESTE

Sie ehren meist einen historischen oder religiösen Anlass, wobei die christlichen

Festtermine oft auf heidnischen basieren. Jeder Ort hat neben den folgenden Feiertagen zusätzlich einen Festtag für seinen Schutzpatron. Diese Tage gelten für die ganze Nation: Neujahr am 1. Januar. Karnevalsdienstag. Revolutionstag am 25. April. Tag der Arbeit am 1. Mai. Portugal-Tag am 10. Juni. Mariä Himmelfahrt am 15. August. Tag der Republik am 5. Oktober. Allerheiligen am 1. November. Tag der Restauration (Unabhängigkeit von Spanien) am 1. Dezember. Mariä Unbefleckte Empfängnis am 8. Dezember. Weihnachten am 25. Dezember.

Fotografieren

Alle gängigen Filme erhält man in den Fotogeschäften. Sie sind allerdings etwas teurer als in Deutschland. Diafilme kann man in Portimão und Faro entwickeln lassen. Vor allem ältere Menschen mögen zwar lächeln, aber es ist ihnen peinlich, fotografiert zu werden. Man sollte die Leute respektieren und nicht bedrängen.

Gesundheitsvorsorge

Das Klima ist zu allen Jahreszeiten mild und angenehm. Sehr heiß wird es nur im Juli und August. Frische Brisen am Strand lassen jeden Sonnenhungrigen leicht vergessen, dass die Haut der Sonne ausgesetzt ist. Das Auftragen von geeigneten Sonnenschutzcremes ist dringend zu empfehlen. Überall kann man Sonnenschirme kaufen und in ihrem Schatten liegen. Bei Wanderungen an der Küste oder an Stauseen ist zu beachten, dass es oft keinen natürlichen Schatten gibt. Immer Wasser mitführen! Magenverstimmungen sind oft ein Resultat des Genusses von viel Olivenöl oder von sehr kalten Getränken, die man in der Hitze viel zu schnell trinkt.
Die ärztliche Versorgung ist gut, entspricht aber nicht dem deutschem Standard. Es gibt internationale Hospitäler in Faro und Portimão/Alvor. Die Behandlung muss bar bezahlt werden. Nach Einreichung der Rechnung erstatten die Kassen die Leistung.
Im deutschen Monatsmagazin »Entdecken Sie Algarve« sind alle deutschen Ärzte, Fach- und Zahnärzte aufgelistet.
Eine Apotheke heißt *farmácia*, man findet sie in jedem größeren Ort; geöffnet Mo–Fr 9–13 und 14.30–19 Uhr, Sa 9–13 Uhr

Hotels und Unterkünfte

In der Algarve gibt es Unterkünfte für jeden Geschmack und jeden Geldbeutel, von einem Häuschen in den Bergen zu einer Fischerwohnung, von einer Villa inmitten eines Golfplatzes bis zu einer Suite im Fünf-Sterne-Hotel, vom Campingplatz am Meer bis zu einem Zimmer in einem ehemaligen Kloster. Man hat also die »Qual der Wahl«.

Internet-Links

Die Liste an interessanten Links wächst mit jedem Tag. Am besten gibt man in der Suchmaschine einfach den Namen Algarve ein, dann findet man viele aufgeführt. Gute Grundinfos in mehreren Sprachen findet man unter

- www.maisturismo.pt
- www.portugalvirtual.pt
- www.algarve.com
- www.virtualgarve.com

Kleidung

Das angenehme Klima sorgt dafür, dass man keine dicken Koffer zu packen braucht. Ohnehin achtet man an der Algarve weniger auf das Outfit als man es von zu Hause gewohnt ist. Das gilt auch für das gesellschaftlich bunte Geschehen rund um den Golfball.

Abends kann es auch im Sommer frisch werden – da braucht man unbedingt etwas Warmes zum Überhängen. Auf den Bergen weht oft ein kühler Wind. Anorak mitnehmen!
Natürlich sieht man es nicht gerne, wenn Touristen spärlich bekleidet die Kirchen betreten – Badesachen gehören an den Strand oder an den Pool. FKK gibt es offiziell nur auf der Ilha de Tavira und der Praia da Galé, aber das nimmt man nicht so genau. Oben-ohne ist vielerorts üblich, an Familienstränden sollte man das aber bleiben lassen.

Nachtleben

Es gibt drei staatlich zugelassene Spielcasinos an der Algarve, in Monte Gordo, Vilamoura und Portimão. Dort findet auch attraktive Veranstaltungen und Konzerte statt. In Bars und Discos geht es heiß her, im Sommer frühestens ab 1:00 Uhr und bis in die Morgenstunden.

Naturparks

Drei Gebiete an der Algarve stehen unter Naturschutz:

- die gesamte Westküste
- die so genannte Costa Vicentina
- die Ria de Alvor und die Ria Formosa, ein Haffland von etwa 60 Kilometern Länge.

Notfälle und Notruf

Ambulanz, Feuerwehr und Polizei sind unter Telefon 112 zu erreichen.

Öffnungszeiten

Viele Restaurants haben an Sonn- oder Montagen geschlossen; im Sommer aber

Windsurfer gehen in Sagres auf Weltmeisterschaftskurs.

Linke Seite: Fast eine optische Täuschung bietet dieses Haus in Alcoutim.

oft durchgehend geöffnet. Die meisten Läden öffnen Mo–Fr 10–13 und 15–19 Uhr, an Samstagen von 10–13 Uhr. Große Supermärkte wie Modelo, Intermarché, Leclerc oder Lidl von 9–22 Uhr an allen Tagen der Woche.

POST

Ein Postamt heißt *correio*. Geöffnet haben Postämter Montag bis Freitag 8:30–12:30 Uhr und 14:30–18 Uhr. Zuverlässige Zustellung. Alle Ämter haben auch einen Faxservice.

REISEZEIT

Das ganze Jahr über herrscht Reisezeit. Die Übergangszeiten Frühling und Herbst sind bei Golfern besonders beliebt – da ist die Natur noch schöner, das Klima noch angenehmer.

RELIGION

Die Algárvios sind zu über 95 Prozent römisch-katholischen Glaubens, sei es nur auf dem Papier. Sie sind weniger religiös eingestellt als ihre Landsleute im Norden Portugals.

SICHERHEIT

Portugal ist ein sehr sicheres Land. Das bedeutet aber nicht, dass Leichtsinn nicht bestraft wird. Niemals Wertgegenstände im Auto liegen lassen – auch nicht im verschlossenen Kofferraum! Autos nicht an entlegenen Stellen einzeln abstellen.

SPORTLICHE AKTIVITÄTEN

Wassersport ist natürlich die Nummer eins, vom Schwimmen bis zum Windsurfen. Wellensurfer schnalzen mit der Zungen: an der Westküste locken mit die besten Reviere Europas. Paragliding mit Motorbooten ist ebenso angesagt wie Kanufahrten entlang der Felsenformationen; bei geringem Wellengang ist das ein Riesenvergnügen. Kanufahrten mithilfe von Ebbe und Flut in den Flüssen Rio Guadiana und Rio Arade finden immer mehr Freunde. Tauchen und Schnorcheln erfreuen sich großer Beliebtheit, weil die Bedingungen günstig sind; es gibt gute Tauchschulen im Barlavento, z. B. in Sagres, Luz, Portimao, Carvoeiro, Armação da Pêra und Albufeira. **Wandern:** Vielerorts gibt es Küstenpfade. Einer der schönsten Europas und auch zum mehrtägigen Trekking gut geeignet, ist der Pfad längs der Costa Vicentina an der Westküste. Mit wunderbaren Wanderwegen locken die Küstenberge. Zuverlässiger Führer ist das Buch »Die 20 schönsten Wanderwege in der Serra de Monchique«. **Golf:** Für die Freunde des kleinen weißen Balles ist die Algarve ein Mekka. Mit über zwei Dutzend teils grandios schöner Anlagen ist sie eines der wichtigsten Reviere weltweit. Das angenehme Klima sorgt dafür, dass man ganzjährig spielen kann.

SPRACHE

Portugiesisch steht unter den Weltsprachen auf Rang sieben, also weit vor Deutsch. Diese Sprache ist eine über tausend Jahre alte Form von regionalem Latein. Sie wird nasal und zischend ausgesprochen, was das Verstehen erschwert. Portugiesisch ist sehr melodiös und daher weit schöner anzuhören als das verwandte Spanisch. Mit Englisch kommt man überall gut durch, und auch in der deutschen Sprache kann man sich durchaus bewegen. Man sollte sich aus Gründen des Anstandes und der Höflichkeit wenigstens einige portugiesische Grundwörter einprägen, z. B. Guten Tag! (*Bom dia*) oder Danke! (*obrigado*, spricht ein Mann, und *obrigada*, spricht eine Frau).

STRÄNDE

Weht die grüne Flagge, sind gute Badebedingungen angesagt; rot bedeutet Schwimmen verboten; und kariert steht für: Rettungsschwimmer derzeit nicht am Posten. Die blaue Flagge ist ein Gütezeichen, das jedes Jahr neu vergeben wird (fast alle Strände an der Algarve erhalten diese Auszeichnung). Voraussetzungen sind: Gute Wasserqualität, Lebensrettungsdienst, tägliche Strandsäuberung, hygienische sanitäre Einrichtungen und ein Strandcafé ist vorhanden.

TRINKGELD

In Restaurants ist es angebracht, dem Kellner fünf bis zehn Prozent vom Rechnungsbetrag als Trinkgeld zu geben. In Cafés oder wenn man nur Getränke bestellt, gibt man kein Trinkgeld.

ZEIT

In Portugal gilt die westeuropäische Zeit, diese ist der mitteleuropäischen eine Stunde hinterher.

ZOLL

Innerhalb der Europäischen Union gilt freier Warenverkehr.

REGISTER

Im Hinterland finden sich noch viele Beispiele einer schlichten, aber äußerst gefälligen Architektur. Die bunte Umrahmung von Fenstern und Türen soll gleich zwei Unwesen abhalten: Moskitos und böse Geister.

Ein kostenloses Gesamtverzeichnis
erhalten Sie beim
Bruckmann Verlag
D-81664 München
www.bruckmann.de

Lektorat: Sonya Mayer
Layout: Wiebke Hengst, Ostfildern
Repro: Repro Ludwig, Zell am See
Umschlaggestaltung: Heinz Kraxenberger, München unter Verwendung eines Fotos von Jürgen Richter, Look
Kartografie: KartenGrafik, Thomas Vogelmann
Herstellung: Bettina Schippel

Alle Angaben dieses Werkes wurden vom Autor sorgfältig recherchiert und auf den aktuellen Stand gebracht sowie vom Verlag geprüft. Für die Richtigkeit der Angaben kann jedoch keine Haftung übernommen werden. Für Hinweise und Anregungen sind wir jederzeit dankbar.
Bitte richten Sie diese an:
Bruckmann Verlag
Produktmanagement
Innsbrucker Ring 15
D-81673 München
E-Mail: lektorat@bruckmann.de

Bildnachweis:
Umschlagvorderseite: Am Strand von Carvoeiro (Jürgen Richter, Look)
Umschlagrückseite (von oben nach unten): Tintenfischfallen; Kirche von Castro Marim; Strand bei Sagres

Seite 1: Rokokoschloss Estói
Seite 2-3: Magische Lichtstimmung an der Fels-Algarve
Alle Abbildungen stammen von João Pedro Costa.

Die Deutsche Bibliothek – CIP-Einheitsaufnahme
Ein Titeldatensatz für diese Publikation ist bei der Deutschen Bibliothek erhältlich.

Printed in Germany by Passavia.

ISBN 3-7654-4095-7